Sueños de Papel

Colección *Aquí y ahora*

1. La noche y la poesía tienen algo que decir
   Andrés Castro Ríos

2. Como el caer del agua sobre el agua
   Jesús Tomé

3. Entre la inocencia y la manzana
   Alfredo Villanueva

4. Sueños de papel
   Magaly Quiñones

5. Callando amores
   Roberto Ramos Perea

6. Solo de pasión / Teoría del sueño
   José Luis Vega

7. Crimen en la calle Tetuán
   José Curet

8. Espejo de lluvia
   Carlos Noriega

9. La religión de los adúlteros
   Pedro López Adorno

10. Amantes de Dios
    Ángela López Borrero

11. Peso pluma
    Edgardo Sanabria Santaliz

12. Este ojo que me mira
    Loreina Santos Silva

Magaly Quiñones

Sueños de Papel

EDITORIAL DE LA UNIVERSIDAD
DE PUERTO RICO

15 de agosto de 1996

Aquí y ahora, colección creada y supervisada por el Dr. José Ramón de la Torre.

Primera edición, 1996
© 1996, Universidad de Puerto Rico

ISBN 0-8477-0261-8

Tipografía: Iván Quiñones
Diseño de portada: José A. Peláez
Ilustración de portada: Rafael Trelles

Impreso en los Estados Unidos de América
Printed in the United States of America

EDITORIAL DE LA UNIVERSIDAD DE PUERTO RICO
PO Box 23322, San Juan, Puerto Rico 00931-3322
Administración: Tel. (787) 250-0550 FAX (787) 753-9116
Dpto. de Ventas: Tel. (787) 758-8345 FAX (787) 751-8785

Al Gran Escribidor, a los cucubanos que florecen en botellas de cristal cuando se acerca abril, a los niños del mundo, a mis padres, a mis amigos...

Contenido

Dedicatoria 5
Al lector 11
Invocación 13
Así nació 13
Nombrando 15
    Puedo dar fe 15
    Una nostalgia 16
    La otra cara del día 17
    El tedio 17
    Visión 18
    Fertilidad 19
    La vida 19
    La Luna 20
    Quién ha visto jamás 21
    Tu olor 21
    El caracol 22
    Los artistas del miedo 22
    Contrastes 23
    La otra voz 23
    Adivinanza 24
    Sábado 24
    Definiciones 26
    Hombres en pequeño 26
    Cielo a la inversa 27
    Las ventanas 28
    La pesca 29
    La arena 30
    Vuelvo a nombrar 30
    Sueño de papel 31
Tiempo, espacio y otras medidas no estudiadas 32
    Granduras y pequeñeces 32
    Sé que voy a acordarme 32

Abril 33
Oh, mariposa 33
Cuántas imágenes 34
Fin de año 35
Cuando duele el dolor 35
Pollution 2001 36
A golpe de ternura 37
Como quien lanza rosas 38
Imágenes del agua 38
Permíteme una flor 39
Un día de esos 41
¿Adónde? 42
El gato del recuerdo 42
Vertiginosidad 43
Mi vasija 43
Vejez 44
Hoare 706 45
Zahorí, hay pájaros 46
Oyendo el trueno de la vida 47
Pregunta de última hora 48
Me quedo lela 48
Un viernes venusino 49
La noticia 50
Consagración 50
Debo ser yo 51
Desafío 52
Si la muerte presume 52
Es tarde de otro jueves 53
Remembranzas 54
Canción a voces 55
Mesuras, ¿contrapesos? 56
Hablemos de poesía 57
Sin canción ni piel 57
Confesión pertinente 58
Oficios 58
Proceso de creación 59
Que cuentan y no acaban 60

La otra punta del hilo 61
Testimonio poético 63
De bruces sobre el campo 63
Junte de poesía 64
Para mejor mirarnos 65
Invitación a mi mesa 66
Cambio de rumbo 67
Su mejor homenaje 68
A un poeta 70
Puente de letras 71
Distinta siempre 72
Desde la magia 73
Edades 74
Pero, quisiera 75
Y hablando de leyendas 76
30 de enero 77
Lección de Poesía 78
Por eso escribo 78
Estoy en vela 79
Será preciso 81
Sueño vegetal 81
Esplín 82
Magia, ¿poesía...? 83
Perfil de abeja 84
Entre musas y arañas 85

Desvelo, cuando amor... 88
Cuando te vi 88
Designios 88
Toma de posesión 89
Votos de amor 90
Hoy tengo la ilusión 90
Qué corazón 91
Franca condescendencia 92
Esa dulzura tuya 92
Agualoja 93
Y, acerca de la luna 94
Mi corazón 95

Tiempo moriviví	95
Ni de juego	96
Con permiso de todos	97
Tamaño adentro	98
Pier 17	99
Como un as de barajas	100
Preguntas, dulces preguntas	101
Ser feliz	101
En la playa vecina	102
En dimensión correcta	102
Paisaje fragmentado	103
Ahora que nos permiten	104
Desvelo, cuando amor	105
Orígenes	107
Condiciones	107
Lugar de origen	107
La mancha	108
Cantos de pitirre (I)	109
Cantos de pitirre (II)	109
Con una especie de necesidad	110
Un personaje	111
La paz de los objetos	112
Como quiera	113
Nacimientos	114
Nacimiento del fuego	116
Visión del indio	117
Ángelus	118
Porque los días del mal...	119
El árbol de mi infancia	119
Sobre las altas yerbas	120
Porque la sangre pesa	122
Transmigración	123
Si tan sólo pudiera	124
Sembrada en un frijol	124
La raza	125
La memoria del fuego	125

Al lector

En esta estancia enorme que es la Poesía —adonde asomo cabeza o nariz sólo de cuando en cuando— me ha tocado trazar, en esta vida, ocho breves cuadernos. Por ser poeta de oficio, he tocado a la puerta de la escritura a diario, pero estadías prolongadas en el ámbito fértil del ocio creador he tenido muy pocas.

Nacida en hogar de origen humilde, mujer y tercermundista, he enfrentado discrimen y apatía por parte de los organismos a cargo de la gestión cultural en mi país. Hoy, pasados 30 años desde mi primera incursión al campo de las letras, entiendo que, pese a todo, buena parte de mis metas se han cumplido.

En la coyuntura de mi historia particular —aspectos de la cual comparto con no pocos creadores caribeños— me acosa una vez más la urgencia de testimoniar, denunciar y, más que nada, comunicar ideas, hallazgos y vivencias que me mueven a hacer público mi trabajo.

Los poemas incluidos fueron escritos entre 1989 y 1994. Los temas, son los mismos fantasmas que, fieles a mi ruta, me persiguen desde que comencé a escribir a principios de la década del 1960. Sólo que ahora, cargo la mano en temas que aluden al oficio de escribir, a la poesía en su esencia misma.

Me confieso feliz de poder alumbrar este noveno libro, gracias al apoyo de amigos y extraños; auspicio que recíproco, con ilusión de niño o de mago, a partir de una intimidad volcada en la conciencia de un "nosotros".

Del sombrero o pozuelo de prodigios han surgido, entre cábalas y conjuros, —caballitos de palo, papalotes, trompos zumbadores y una rica comparsa de criaturas— elementos que conforman el denso decorado de papel, lámina de semilla o cartón que dan pie a la imaginería y al sueño.

Comenzaremos el muestrario con una invocación. Después, abastados de fe como de pan, nombraremos.

La autora

Invocación

Ahora que nuestro mundo
contamina el pulmón de la galaxia,
que el hombre ha despojado
los bosques del planeta
y ha mermado los ríos...
¡Sol, llena con tu luz las uñas de mi carne,
la dureza apretada de mi piel,
la madeja que agobia mis sentidos!

Desde las altas copas de las palmas
hasta el oculto núcleo del granito,
desata con tus rayos luminosos
las garras de mi oso,
los vuelcos amorosos de mi sed,
el fuego alborotado de mi espíritu.

Así nació
(A Blanca Silvestrini)

Hemos escrito todo un libro, sólo
para trazar a tono con el siglo
la imagen verdadera de este tiempo.
Hemos descabezado casi al cielo
intentando atrapar lo que nos duele
o nos causa placer o nos conmueve,
con las exactas Leyes de la Física.
Pero, al tratar de armar la torpe mímica,
el fútil ensamblaje del Progreso
para explicar,
según Hegel, Pascal o Kant,
por qué se está muriendo el Universo,
nos percatamos
de que escribíamos el libro equivocado.

Y ese libro, cargado de arabescos esotéricos,
sin duda útil para los académicos
pero no para ti,
fue a parar al canasto de los tedios.

Así fue que emprendimos la tarea
de escribir otro libro para saber de ti,
lo que tú eres,
un libro de poemas que intimara
con el alma y la fibra que te mueve
en los espacios claros o en el pozo más hondo.
De su humor saltó un duende,
de su fragua saltó un mundo redondo,
de su poética, obligada al rastreo en cada hoja,
nació un color, un sol, un mes de 5 letras,
un rezo musitado en abalorios
y una pasión tan grande en la cabeza que,
de sólo pensarla, duele.

Así nació este libro para ti,
asperjado, añejado, pulido y concebido
tan sólo para ti.
Es semejante y diferente al otro.
Los versos no han cambiado,
las sílabas, los metros, la melodía esencial
no ha cambiado.
Mas, al atesorarlo en nuestro ojo
rimando la pasión sobre la llama,
al hincarlo en su esencia
bajo la luz eterna de esta flama
que hoy corroe mi espíritu y mi lengua,
no habrá criatura aviesa en el planeta
que pueda reclamarlo para sí.
Es tuyo-mío todo,
desde la magia en nuestro entorno viene.

Puedo dar fe

No he guardado memoria de ese viaje.
Cuando pienso quién fui, de dónde vine,
se me confunde el pelo con las uñas,
el vino con el verso y con el vaso.

Sé que vine a vivir porque mi madre
al mirarme tan breve,
tan menuda en mi piel, tan indefensa,
se olvidó del dolor de su cintura,
borró toda tristeza y mirando el reloj
nos llamó a todos para dar la noticia.

Nadie me dijo que venía a contar
pero al nacer sobre un pubis mojado
en la lámpara tibia de la Isla
me abrí cual flor en un jardín de pobres
y comencé a nombrar
dándole a cada cosa, a cada nombre
un silencio y un cuerpo en el espacio.

Nadie me dijo, pero no me quejo,
la horma de mi oficio
encontró en este mundo un buen zapato.
Y además, aprendí,
merodeando en diversas direcciones
sobre el ancho misterio del planeta,
que sobraban palabras y razones

para tensar mis arcos y mis flechas.
Yo no quería llegar, alguien me trajo.
Yo no quería contar, me sedujeron.
Un gran misterio me espinó la mano
y volé tras el grano seca de labios
hacia la nueva vida de la lluvia y la nube.

No he guardado memorias...
De lo poco que tengo o lo que tuve
puedo dar fe, nombrando.

Una nostalgia

El mar
ruge en su jaula de cristal.
Los peces y los gallos,
guardianes del reloj, alados péndulos,
cantan marcando el tiempo.
Nuestros cuerpos,
tumbados como palmas en la arena
que envuelve al cocotero,
pían sin descanso como las gaviotas
circunvalando espejos y deseos.

Una nostalgia lenta y pesarosa,
voraz como los astros,
real como los ángeles,
cruza la playa a pie descalzo y frágil
y se adentra en el mar con voz silente.
Puede que por la costa,
entre el agua y la tierra,
sin que apenas lo notes,
te la encuentres...

La otra cara del día

Como el que viene siempre sin aviso,
llega sin ser notada,
oculta tras las sombras,
mojada por el agua del sereno.

Aluzada en sus partes por la luz de un quinqué
o de un viejo farol, cual calamar herido,
va vertiendo su tinta sobre el mundo.
Su respirar profundo, su andar lento
cubre de sueños la melancolía.

Si la nombran los hombres, es la Noche.
Cuando la nombra Dios
alza su rostro y es la otra cara del Día.

El tedio

Al tedio, al ojo vago del hastío
yo le he visto la crin
desde el patio empedrado donde vivo.
Es una bestia enorme, una criatura espesa
que ruge y cruje como un horno viejo
y si está hambriento bate su áspera cola gris
sobre la curvatura de mis dedos.
Digamos que se llama desamparo
frente a la ciudad gris, desconocida.
Digamos que se llama flaccidez
o malestar de siglo o arrumbada conciencia
que se nutre de páginas vacías.
Digamos que es la antorcha del poeta
cediendo ante el embate de las aguas.
Digamos que es siniestro, colérico designio
que cercena los frutos del árbol de la vida.
Lo cierto es que prospera a costa mía

y que se vuelve silla de costumbre
cuando el cansancio me entume los huesos.

Al tedio, al ojo vago del hastío,
yo le he visto la crin
desde el ocio empedrado donde vivo.

Visión
(A Mayda I. Colón)

Ahora: Descanso.
La luna se arrebuja tras su manto
y las garzas se azulan en humedal de mangle
tras raíces aéreas.
Sobre mis hombros rielan mis dos brazos.
Mis ojos son esteros pantanosos.
Mi corazón, una hermosa semilla de tierra.

Ahora: Sueño.
El suelo es un tazón hecho de arañas,
larvas en sobresalto y cangrejos azules
que a falta de otro espacio
pernoctan en la cueva de mi ojera.
Mis manos, enramadas como moluscos verdes,
atan un sol de sangre
sobre lo que creí ser mi cabeza.

Ahora: Presencia.
Una mujer de fuego,
embadurnada en sangre y barbas de maíz,
como una diosa de fábula azteca,
roza los cuernos de la luna.
Un hermoso varón, semidesnudo,
le gira el cuello al sol que ciego y moribundo
se reclina en mis labios penitentes.

Ahora: Silencio.
Pensando en otro día que aún no he visto y presiento,
duermo junto a una rana atolondrada.
Un grillo en floración pare una umbela,
un humus pestilente, la delata.

Fertilidad

Cuando acabó la risa y el quejido del sexo,
dio un suspiro tan hondo, tan profundo
que la risa quebró la paz del viento
y el llanto pobló al mundo.

La vida

Estaba pensando en la vida,
en lo frágil que es.
Un error, un impulso,
una repetición innecesaria,
un cambio en la medida y... se ha ido.
Estaba pensando en el riesgo
que presupone atar lo desmedido
a la fragilidad de una aventura.

Mientras medito en esto, cae la lluvia,
el tiempo arrumba mi gastada espalda,
el viento irrita mi canosa barba.
La guagua en que transito,
precipitándose por la explanada,
me deja en la parada del pasado
y prosigue su viaje hacia otra angustia.

Mientras medito en esto, ya he llegado.
Penetro por la puerta dando voces

y la Muerte,
con los excesos de un mal escribiente,
apuntala en espinas la celada.

Como es costumbre, enciendo un cigarrillo,
mojo las plantas, alimento al gato,
prendo un incienso junto a tu retrato,
escribo
y, entre la incertidumbre y la porfía,
comienzo a repensar lo que es la vida,
lo que presupone y obliga.
Lo frágil que uno es, siendo uno vida,
lo frágil que uno es...

La Luna

Transcurría febrero
cuando una gigantesca mano cárdena
se acodó en el espacio.
La moneda del Sol rozó despacio
la cara llena, ancha,
cargada de luciérnagas,
que alumbra y baña las constelaciones.

A cara o cruz, la Tierra
indagaba su suerte
o en la enorme canica transparente
veía pasar presentes y pasados.
No había aún definido
la ciencia o arte del nocturno mago,
cuando el viento se asió de la pelota
que fue a parar, como una estrella rota,
en el bolsillo de los bien amados.

Desde entonces la Luna, aunque remota,
es la percha de plata donde cuelgan
el corazón de los enamorados.

Quién ha visto jamás

Cresta roja que aluza
como espejo carnoso al horizonte.
Ala y oído insomnes,
raíz y floración multiplicadas.

Quién,
bajo la corola de esta dita sonora,
bajo el yelmo encantado
de estos párpados frescos,
bajo el rocío o la fiebre
de esta fronda en maleza enamorada,
ha plantado una flor o ha escrito un verso.

Desangrando la piel del horizonte,
quién ha visto jamás
lo que es el monte.

Tu olor

Hoy, el planeta huele a ti.
No hay hueso mío que no huela a ti.
No hay soledad, insecto, óleo esencial
que resista tu aroma cuando pasas.

Como bastón,
que hurga caminos secos, polvorientos,
como los cielos,
bruñidos en borrasca, cierzo y nube,
como el perfil severo de las sabanas
cuando arrecia la helada,
así llega tu olor.
Canta en mi oído,
desova en los canales de mi oído,
vierte en la caracola de mi oído,
un sueño de alcanfor que impregna
y pasa.

El caracol

A veces, se está largo rato inmóvil,
apoyado en la arena
como el bastón azul de algún abuelo.

A veces, hechizado
por la canción y el ulular del viento,
abandona la casa de costumbre
y duerme a la intemperie.

Si le encontramos algo entrado en años,
es un anciano relleno de agravios,
la coraza calcárea se le nubla
y arguye con silente voz.

Si le encontramos en manos de un niño,
es la flauta y la oreja del mar,
caña que canta y oreja que escucha.

Cuando el agua lo mece en sus enaguas,
su melancólica imaginación
se recrea en otros muros,
le acechan otras ansias
y el cuerpo se le crece con el sueño;
entonces, muda de palacio.

Ayer, creo que le vi arengando astros
tras el yelmo azuloso de un cangrejo.

Los artistas del miedo

Necesitan un público que les mire
y se admire, aunque sea de reojo.
Necesitan proscenios, focos perseguidores,
pistas y espejos

que retraten sus ojos de ángulos fijos,
su cavilación misteriosa,
sus inesperados excesos.

Entre ritos y máscaras,
se lanzan al abismo y al riesgo ensimismados
como muelles tirados por invisibles dedos.

Despertando el terror o los aplausos,
insomnes, insensatos, sempiternos,
los locos, como los equilibristas,
son artistas del miedo.

Contrastes

Mientras un helicóptero azul patrulla el cielo
con zumbido de abeja desdentada,
la gigantesca sombra de una hoja,
cazada al vuelo,
cuelga como un imaginado velo
sobre la pequeñez de una ventana.

La otra voz

Si cuando entras en él te sientes pleno,
no lo rompas, escúchalo,
iza su espalda sobre el aire quieto
y tiende al sol el prisma de las letras.

Si te irritan las quejas del sonido
y la paz del recinto
no halla un lugar entre las sillas rotas,
déjalo que se exprese, no lo rompas,
devuélvele sus labios al silencio.

Adivinanza

Es posada de todos
y propiedad de nadie.
Como un eterno oráculo
plantado en las entrañas de la Tierra,
no sabe qué es el sueño,
nunca duerme.

Cual transitada calle que se alarga
por las grandes ciudades de la tierra,
camina con mil pies, vuela en mil alas.
Y, que yo sepa, nunca se ha movido.

Cuando llega la lluvia,
es una inmensa mesa
donde cientos de almas beben y comen.
Cuando llega la noche y nace la fresca,
es una bulliciosa platea
donde cientos de almas cantan y danzan.

Arañas, alacranes, gusanos, cucarachas,
hormigas, cucubanos, lagartos, grillos,
ranas, mariposas,
líquenes, musgos, árboles, roedores,
flores, piedras y aves de todos los tamaños,
de todos los colores,
son los habitantes del *Monte*.

Sábado

La Luna se ha puesto a dar vueltas
poco antes de llegar al pie del cerro.

La Tierra se ha puesto a dar vueltas
hilando historias por lo bajo
y cada estrella responde a un sonido
que es su nombre.

Mi cabeza, como playa poblada de gaviotas,
ya comenzó a dar vueltas, bate alas
y entre silbidos y piruetas cortas
va nombrando los días de la semana
hasta enunciar el sábado.

Es sábado, por fin, dicen las hembras de los peces.
Es sábado, por fin, dicen los animales en sus cuevas.
Y las ranitas, que sólo cantan en tierras del Caribe,
repiten en cadencia intermitente, -sá ba do, sá ba do-...

Hasta que el pájaro del Universo
tomando impulso aumenta de tamaño,
atrapa la mañana en sus orejas,
revolotea en los ábacos del Tiempo
y cargando la noche en sus espaldas
despide al propio sábado y anuncia otro domingo
que huele a ron, que sabe a carne asada,
que cuece fechas, licores y sexos
sobre leños en cazos de barro
y abre la puerta a un lunes de miseria,
aciago, indeseado.
Subiendo por la tarde, que a otra mañana apunta,
mis hermanos y yo,
trotando sobre hermosos caballitos de palo,
inventamos risueños otro sábado,
brillante como el Sol, fuerte como el Amor,
zalamero y espeso como un gato.

Definiciones

La Vida,
como la paz que habita los domingos,
está hecha de paisajes y sucesivas piedras.
El Tiempo,
nunca cifra su metro y su grandeza
sobre las arcas de un único rey.
La Infancia,
no se resigna a ser una muñeca de papel
de esas que se recortan con tijera
y terminan sus días y sus sueños
sobre un álbum de cuentos.
La Vejez,
oscilando entre nubes sigilosas
y el asomado canto del insecto,
sobrevive a la arruga del Asombro.

Hombres en pequeño

Algunos, no sólo brillan
sino que comienzan a existir
cuando adquieren un título de embajador,
ministro regidor o simplemente dueño.
Trepan giro por giro hasta ganar la pompa,
tragan hasta las heces, se avienen a lisonjas
abordan toda suerte de fantasmas...

Y hay algunos que, ebrios, hambrientos de codicia,
se refugian en máscaras, la mentira los guarda;
atentos sólo al peso de su tedio
dejan pasar la risa y la alegría,
miran al sol sin entender el fuego...

Son los machos del siglo,
son hombres, en pequeño,
mirando siempre afuera, nunca adentro.

Escribo todo esto con la melancolía
de una mujer dolida y condolida,
salvajemente rota y agredida
por la furia de un "hombre" de mi tiempo.

Cielo a la inversa

Has entrado, ya es marzo,
los muertos se han salido de las casas del pueblo,
huele a beso y a vida en los cuartos cerrados,
ya no se pudren las maderas.

Yo te he visto venir perforando los muros,
reptando entre malezas.
Te he sentido llegar y en un giro
me he subido a la cuenca de tu ombligo
y he palpado tu vientre con mis puños.

Mi corazón se agita,
estoy rota de amor, rotos los vasos
que en el vino del alma precipitan
cantos de aves salvajes, estallidos de hojas
y brotes de retoños.
Las hormigas se suben por mis piernas,
hay todo un escozor en la brisa.
Un sofocante asombro puebla mi risa
y corro, corro,
salgo a buscar los huevos en los nidos,
a hacer saltar las piedras.

Deslizándome en pencas como sílabas,
surco los meridianos
bajo el fogoso sol de Centroamérica.

Has entrado en la Isla, ya es 21 y marzo
y hay un amplio murmullo de vida y transparencia.
Tu colorida falda, atada a mi cintura,
es un cielo a la inversa, ¡Primavera!

Las ventanas

Vigilantes del polvo,
portadas recias,
detentes de la ira y de la ráfaga;
de madera, cristal o lata espesa,
lustrosas, poderosas, delgadas, gruesas,
misteriosas ranuras, las ventanas.

Las ventanas, señor, son importantes.
Como cordaje a un barco en borrasca de tarde,
como oferta de amor a una muchacha
en camisa de nieve irreprochable;
íntimas, casi públicas,
pesadas como penas, livianas como ángeles,
irrumpen en mi vida las ventanas.

Si la aurora deslumbra,
la torva noche esconde,
la intemperie desgasta,
la tierra muda en cada tiesto frágil...
Las ventanas, señor, son importantes,
las ventanas, amigo, las ventanas...

La pesca

Todos vieron al pez de plata,
pero nadie nos dijo cómo era.
Todos, bajo el tumulto de las nubes,
vieron al pez de plata
y apuntalaron redes y navajas
para cazarlo.

Ya cerrada la noche, los pescadores
hurgaron el abismo con sus dedos de seda.
La carnada infeliz, desamparada,
huyéndole a la noche,
trazó como soldado desarmado
su último sueño.

El pez, barba rielante;
el pez, cáscara espléndida,
se deslizó anhelante
bajo la tabla del funesto remo.
Cuando picó el anzuelo y mordió el fondo,
le sacaron del agua, lo desollaron vivo,
sin hablarle
y cantaron su muerte.

Ya sin temblor ni escamas,
rodeado de limones y cebollas,
hierático en la mesa, mudo y ciego,
nos sorprendió su olor, su sangre tinta,
su humor de piedra decidida y limpia.

Todos vieron al pez de plata
y llenaron su vientre con sus latas.
Su cilicio: un tazón de aceite hirviendo.
Unidos por el hambre y la arrogancia,
ya dándole por muerto,
se tragaron al dios sin conocerlo.

La arena

Rueda despacio o rauda por el mundo,
deteniéndose sólo frente al ojo del agua.
En los tiempos antaños,
un grotesco serrucho
debe haberle cortado pies y manos,
esparciéndola en polvo por la tierra.
Es testigo del paso en el camino,
cada huella la toma por almohada.

Es la arena criatura tan extraña
que al circundar
las acuosas encías del planeta,
parece gasa o venda de algodón.
Y en el jardín roído,
en el desierto fiero y desmedido,
es una inmensa cola nacarada
que nuestro paso envuelve
untándonos despacio su ceniza.

Vuelvo a nombrar

En viaje hacia la muerte de alas rotas,
es mi alegría
brindarle a cada cuerpo, a cada cosa,
la gracia de la luz,
la plenitud que vive en cada objeto.
Vuelvo a nombrar,
de la palabra brota
un fuerte olor a sebo...

Sueño de papel

Por el placer de verlo detenido
podría hasta nombrarlo:
dos ojos, dos orejas, cuatro patas,
cuerpo flexible, cola de tiovivo,
a veces tierno, a veces agresivo,
florero de balcón
sin señales de tiempo o amargura...;
es el gato, sin duda.

¡Qué bien está todo de bestia entero!
¡Qué pobre luce
cuando obligado a ser gato faldero
se hace peluche en ferias de domingo!
¡Y cuán triste y patética figura
cuando atrapado en rejas o tras vidrios
se acoda en el desván, duerme su encierro!

En una de esas tardes cuando quiero
rendirle un homenaje a la poesía,
es el gato el que mira desde adentro
y urde caricias tras las celosías.
Cuando el verso se escapa
al almacén donde la luna bebe,
sus belfos temblorosos, sus patas en rejuego,
tornan la fuga soportable y leve.

¿Quién dijo que los gatos
son todo miel y trapo?
¿Quién se atreve a ponerle el cascabel
conociendo su astucia o su artería?

En fin, todo está dicho,
el gato al saco, la luna en el contén,
el hilo oscuro a la melancolía
y en torno a mi escritorio un sueño de papel,
lanudo y con bigotes: la Poesía.

Granduras y pequeñeces

Y, pensándolo bien,
el mundo vapuleado hasta las heces,
no ha cambiado nadita de nada.
Todavía una breve, pequeñísima hormiga
puede cargar en andas
la gigantesca ala
de una finiquitada cucaracha.

Sé que voy a acordarme

Cuando el Sol haya hundido
su cabeza en la tierra
y yo vuelva a la vida,
sé que voy a acordarme
de aquellas florecitas de papel,
de aquellas selvas plásticas
que los hermanos japoneses inventaron
para salvarnos la ilusión y el Prana.

Y andaré divulgando
las maravillas del kabuki y del teatro No,
las hermosas historias de Akira Kurosawa,
las virtudes del té y el sake,
las sutilezas de alma que adiviné
en nubes de algodón, en trocitos de luna,
en tazones de nácar.

Sé que voy a acordarme
de aquella noble raza
que acarició la piel de mis sentidos,
allá, cuando expiraba el siglo 20,
desde la eternidad de mi almohada.

Abril
(A Nélida Cortés)

Cuando el árbol requiebra y quebranta
con manecitas verdes y alargadas,
cuando el poema-canto que enhebra la mañana
trae un fluir de pájaros,
cuando los gansos beben las gotas de rocío
con que visten su sol las margaritas,
en vano intento detener los ojos...
Y cuando las cortinas, mojadas por la brisa,
inflan de amor sus cuerpos
y cuando las arañas con su aliento
tejen su laxitud tras las ventanas,
en vano intento conseguir descanso.
Es que ha llegado abril
y hay tanto por mirar y hay tanto por decir,
tanta dulzura y Vida me reclaman,
que soy ola sin mar, soy reguero de rosa sin ojal
y en vano intento detener el alma...

Oh, mariposa

Mientras duerme,
va tiñendo su cuerpo con colores
y se nutre de todo:
la oruga de la noche, la mancha de la luz,
la hoja, la frágil nube, el añil de la luna,
la piel lustrosa de la sierpe...

Cuando llega la hora de nacer,
rasga el zurrón sedoso
cual pañuelo de escarcha
y transforma el capullo en flor con alas.

Sobre la rama, un movimiento niño,
juego, llama o espiga en floración,
surca y penetra el corazón del viento...
Ha llegado la hora de la gracia.
En el aire fragante,
como una flor extraña, exuberante,
la mariposa inicia el primer vuelo.

Cuántas imágenes

En el café, la lluvia, torpemente,
ha hecho abluciones de semillas.
En la taza esferal de porcelana
que a soplos se resfría,
el líquido agridulce cobra alas
y provoca una hendija en la memoria.
En torno de la mesa un coro
animado con platos, sobrecitos de azúcar,
tazas y cucharillas,
discute la pobreza, el crimen,
la república, el ELA entre comillas
y el fatigoso paso de la nada.
Tras el vaho que sube con la taza
hasta los ojos, sin conciencia abiertos,
el surco de la boca abre recuerdos
y triza el gorgoteo de la mañana.

Tomando a *toda prisa* el desayuno,
de pie en un come y vete en la avenida,

da trabajo pensar que haya otra cosa
más compleja y más dulce que la vida.
El sorbo vegetal ha hecho lo suyo,
¡cuántas imágenes y un solo día!

Fin de año

Alguien canta y los pechos se agigantan,
en breve el año se habrá ido.
Alguien llora en el cerco de las horas,
fuera de mí le veo llorar conmigo.
En el centro del orbe alguien conjura,
saltando tumbas y quebrando huesos
el Sol se sacrifica.
Enciendo un cigarrillo entre mil rezos,
le doy vuelta en calendas a la hoja,
tropiezo con la fecha entre mil cosas
y advierto una mentira entre las rosas.
Alguien nos ha mentido.

Entre besos, abrazos y escenas enojosas,
el ritual se ha cumplido.
Ya es otro año éste en que te hablo.
Ya es otro tiempo éste en que te escribo...

Cuando duele el dolor

Podría jurar que se parece a mí
cuando en las tardes,
a un día del abrazo, a unas horas del beso,
se disfraza de tigre, de armario o de reloj
y provoca las iras de mi tierra.

Podría jurar que sí, que se parece
cuando emulando al fuego que me quema los ojos,
como una vértebra prensil, retráctil,
me rellena de astillas
se hace humo y se expande
entre el cielo y nosotros.

Y no hay duda que es otro,
otra ansia, otra cara, otra voz, otra llama,
otra piel, otro cuerpo.
Y aun viéndolo vivir y repartirse ilimitadamente
entre amores minúsculos y celos sin sustento,
me envuelve en su pasión, quiebra el reposo,
arrumba mi palabra y mi vivir
y cala hondo, adentro, adentro, adentro.

Y es que él tal vez sea yo, casi cual yo,
algo así como yo, cuando tiembla en mi máscara
y se traga mi dios frente al espejo.

Podría jurar que se parece a mí,
payaso universal, tonto del alma,
cuando duele el dolor de hacernos viejos.

Pollution 2001

Me conmueve el pensar
que haya una fuerza
ajena a la pujanza de los vientos
que mutile los árboles del campo;
ellos que sólo saben de cadencias,
ellos que forman la pared del nido.

Contemplando lujosas transparencias
se hace duro el pensar

que el fin de siglo,
cual granada al final del arcoiris,
carga gritos de guerra bajo el manto,
que el sol se nos irá cada vez más temprano
y que al morir los mares en túmulos de brea
nuestros peces serán peces hundidos...

Con el peso de tanto, tanto llanto,
se hace duro el vivir para vivirlo.

A golpe de ternura
(A Mme. Routee)

Quién sino el Tiempo,
minucioso y atroz,
cual Verbo que no acaba,
sofocará los odios tras la puerta.

Qué sino el Mar inmenso,
inmensa unión de aguas,
moverá el gran molino sideral
para robarle moscas a la araña
que nutre el corazón del enemigo.

Sé, que a partir de hoy,
el poderoso Ángel que cuidó de mi infancia
se vestirá de gala.
Sé, que a partir de hoy,
surcaré el mundo adulto con zapatos de niño.

Ahora que siento el duelo y la distancia,
siento un deseo loco de azotar la arrogancia.

Sé, que a partir de hoy,
a golpe de ternura y de palabras,
echaré a los mercaderes del Templo.

Como quien lanza rosas
(A Eliseo Diego)

Inagotable, la inocencia sube
por el cuerpo leñoso de un caobo
en las piernas trigueñas de un niño de mi pueblo.
Justo al filo del salto,
ha puesto en orden con rigor el patio
y asciende presuroso por el árbol
dejando atrás su sombra y mi consejo.

Veloz, vertiginosa, engranada en su órbita,
la tierra gira en ella misma y arde
extraña, indescifrable,
como palabra de otra lengua.
El niño, que ha hecho alarde
del minucioso orden de su juego,
en un descuido se resbala y cae,
la rueda de su voz surca el silencio.

Un surcado de Dios, fúlgido como un ángel,
aparta la espesura y envuelve sombra y niño
en un cordón de estrellas.

No preciso de ciencias esta tarde.
Hoy, aunque llueva, duermo al descubierto.
He encontrado en el viento la caricia del aire
y mientras corto sueños de madera,
apreso primaveras,
como quien lanza rosas a un espejo.

Imágenes del agua

Aquí no hay nada, nadie.
Sólo la lluvia hierve

y con brutal escándalo de muelas
desgarra cada rama en movimiento.

Aquí nadie me escucha, nadie habla,
todo es cielo escondido, todo es muro.
Sólo el nuboso filo de lo oscuro
llueve sobre los túmulos desiertos,
granizando lo lleno y lo vacío.

¿Quién llegará hasta dónde?
En el reino del hombre
nadie en ninguna parte espera a uno,
se han perdido las fechas y las letras.

Aquí pervivo yo,
pero yo no soy nadie.
Aquí trajinas tú,
pero tú eres reflejo de mi esencia.
En resumidas cuentas,
aquí no hay nada, nadie.

Llueve a cántaros.
Brama el cielo en atroz intemperancia.
De buen gusto es callar, como la piedra,
mientras los grillos avientan la noche
y se disponen a cantar las ranas.

Permíteme una flor
(A Víctor, Ernesto, Edgardo...)

Permíteme una flor en el bolsillo izquierdo
del pantalón derecho de tu vida.
Déjame darle un centro a la nostalgia,
que quede en una flor
lo que una vez fue intento.

Permíteme reconstruir, si es que se puede,
aquellas tardes ebrias de café,
de arroz blanco endulzado con diablas
habichuelas
en casa de la abuela Rafaela.
Permíteme, por esta vez,
una conversación en la penumbra,
un verbo justo para nuestro asombro
desde una intensa orilla.

Hace tanto que no nos vemos,
ha tantas lunas que no nos hablamos
y aún el amor se multiplica en miel,
enhebra ardores en cálidos cáñamos,
crece y se esparce, anuncia o vaticina.

Que no se escape nunca.
Falta el mejor abrazo,
falta el instante al sol recién tostado,
la hojita verde (sobre todo en jueves)
sobre los puentecitos de vidrio,
la gran complicidad de nuestros besos.

Que no se escape nunca,
esa flor de vivencias
hermana de la historia y el cuidado.
Hoy, recordando, la apresé en un libro,
ya es pública y enteramente nuestra.
Sólo nos falta incorporarla al sueño,
al centro en que los hombres,
que una vez se amigaron, se reencuentran.

Un día de esos
(A Brígido Redondo)

Hoy es un día de esos,
ando escapada de ojos, oigo y no escucho.
Sobrevuelo la hoguera con plumaje de luto.
Y en la memoria de los que me observan
soy fiera desollada con zopilote arriba
y en la presencia de los que me observan,
zurrón de hueso en tentación de vuelo.

Hoy es un día de esos en que todo conmueve,
todo duele:
el anzuelo en la boca del pez,
el óxido en el clavo,
la araña triturada en las fauces viscosas del lagarto,
todo me apena
y la palabra ajena, cual ruido o golpe seco,
sólo a dolerme en soledad me mueve.

Hoy, prefiero no hablar,
me sienta mal decir lo que no siento.
Cosiéndome las carnes con un hilo de voz
tiemblo de tronco a cielo.

Hoy, si tuviera un sueño, un ojo diminuto
en vez de esta uña-hueso
(lo único que poseo a mitad de mi vida),
me atrevería a ajustar el asombro de Dios
justo en el hueco,
como el niño del cuento
y observando la sangre detenida
me sentaría a envejecer lentamente
sobre la piedra-muro de la vida.

Fuera de mi costumbre,
hoy no estoy ni irritada ni impaciente.
Hoy es un día de esos...

¿Adónde?

¿Adónde han ido las palabras que un día
reclamaban la gloria y el poder?
¿Y qué habrán hecho esas efímeras deidades
con los disfraces que los encumbraban
y los hacían aparecer distintos
frente a los oprimidos?

Cuando oigo pasos leves o rumor de abanicos
me pregunto y pregunto,
¿qué habrá sido de esos monosilábicos,
festinados, oscuros, falsos cristos?
Cuando abunda el amor y el pan de vida
en la mesa del roto
y en el almacén cuelgan en proporción exacta,
por igual para todos,
las viandas y los sueños,
me pregunto y pregunto,
¿Adónde habrán huido las sedas de los hombres,
las conciencias perladas, recamadas,
los finísimos cuellos brocados de las damas,
toda aquella parafernalia
soplada a fuego regio?

¿Adónde habrán huido las palabras, los sueños,
la gloria y el poder
de los ya venidos a menos?

El gato del recuerdo

Mirando este animal que tanto me recuerda
a las damas de rancia aristocracia
que conocí en mi infancia
tras los muros dorados de la iglesia,

veo al gato áureo que de pronto asoma
del fondo del recuerdo.

Muy cerca del lugar, tras las paredes,
el paso de otra bestia me recuerda
que debo darle el pienso a los caballos,
pana y palma a los cerdos,
maíz a las gallinas y al gallo,
que el día es corto y la tarea apura;
que mañana es domingo y el cura
dará la comunión, como es costumbre,
entre los pobres de felpudas barbas
y las modernas damas que conforman
la nueva aristocracia tras los muros.

Pasado el tiempo,
viendo los animales ya echados, ya comidos,
el gato del recuerdo lame un surco de sangre
y se marcha despacio por el aire tranquilo.

Vertiginosidad

El planeta va muy, muy rápido
girando.
En el camino, apenas si veo huellas
y llevo más de un siglo
caminando.

Mi vasija
(A Matilde Albert)

Entre la sombra y la pared de un viernes,
hacia la noche última de enero,
sucumbió la razón de mi vasija,
su corazón se abrió junto al librero.

Al conocer su muerte,
las criaturas del agua y de la tierra
expresaron sus duelos.
A la casa llegó el recogemigas,
el limpiapié, la escoba funeraria,
tres negras cucarachas, dos ciempiés
y la fina serpiente de la lluvia
que seseando al hablar, como un sureño,
pidió una flor, mojó la sepultura
y, cual niño goloso, dio un responso
pegando su nariz de los espejos.
Al terminar el día, una caja repleta
de hojas secas y flores amarillas
que dormía en el patio,
sirvió de caja fúnebre a sus restos.

Fue un funeral sencillo.
Mi alma de cantero,
colgada de la punta de un alero,
soltó pico y martillo
y entre ayes y versos, despidió el duelo.
Ya sola, inadvertida,
entre la sombra y la pared de un viernes,
mi corazón lloró junto al librero.

Vejez

Mi gata (a ella sola me refiero),
va acodando la muerte entre sus pasos.
Lleva semanas, meses, tirada en un rincón
junto a un florero.
Y aunque sube con tino la escalera,
al saltar tras la presa
se le escapan los sueños y los pájaros.

Mi gata es animal de vida muelle,
criatura leve de pelaje blando.
Aunque en sus indios ojos planetarios
agoniza la fiera, su tigre más reciente
carga dientes de leche y su bestiario
es un recuento laxo y sedentario.

Hoy, oyendo sus quejas,
mirándola morir de rato en rato
entiendo que mi gata
(noten que sólo a ella me refiero)
va perdiendo la vida con los años.

Hoare 706

Entre ruinas severas
veo el gato que cruza las aceras
y sube, con destreza irreprochable,
la curva de mi alero.

Ante el duro perfil del recio muro
que me separa de la transparencia
cuento nubes y días.
Y mientras en el patio se conjugan
el vaho del café y el aroma del grano ya ablandado
que palpita en la olla de la casa vecina,
yo veo pasar mi vida de una mano a otra mano
y tiemblo en las pezuñas del caballo
negra crin, negra frente,
que hoy traerá la noticia de mi muerte.

Ni el lujo de la brisa
ni la risa del sol
ni la canción de amor que boca a boca
en la alcoba conspira,
me provocan.

Soy una vieja loba juntando tablas rotas.
Soy un duelo que mira desde las celosías
la inclinación final de hirientes hachas,
la baba negra de la zapa,
los últimos resquicios del desplome.

Hoare 706 era mi nombre,
enclavada en un barrio de pobreza,
tomada por asalto por la gula del rico,
hoy veo zarpar en bolsas y cajones
lo que fuera mi nombre y mi apellido.

Ahora, amparada sólo por el sueño,
cauta penetro en lo que el tiempo deja
y con pesar sospecho
que oteando el mar,
desde la acuosa boca de San Juan
hasta el suburbio de Puerta de Tierra,
habrá mil casas con la suerte mía
muriendo cada día,
emigrando a otros mundos sin aleros.

Arruinada y severa,
vuelvo a las calles recorriendo aceras
como gato realengo y macilento.

Zahorí, hay pájaros

Corre Zahorí, hay pájaros,
en el balcón hay yerbas y moscas
y millares de estrellas.
Ves, allá en lo más hondo de la lluvia
hay gotas de beber para el que sabe.
Y no es pesado el viaje,
allá, a lo lejos, donde los perros ladran

y los grillos rezongan
movidos como notas por invisibles dedos,
existen otros mundos,
otro dios, otros juegos...
¿No oyes el árbol bajo la intemperie?
¿No oyes el gallo y la guinea
y el ronroneo del viento?
Todo lo que te gusta está allá tras el vidrio;
lagartos que se escurren,
arañitas que cuelgan en trapecios de seda,
otros gatos valientes
y una mosca voraz, impertinente
que ronda el pez que cuece
la hornilla de tus sueños.

Corre, minina, asómate al balcón,
dale a tus garras el poder de arañar
la sombra sombra (paseándote en lo alto)
de los últimos patios de estos pueblos.
Cuando estés vieja y ciega
ya no habrá una razón.
¡Asómate al balcón, Zahorí, hay pájaros!

Oyendo el trueno de la vida

El trueno, gigantesco abrelatas,
surca la boca de la tarde y llueve.
El agua, cándida,
se recoge la espuma en las enaguas
como quien guarda historias de familia.

En la pobreza del jardín, huyendo,
el árbol de la vida frunce el ceño aguileño,
convoca algunos pájaros sin sueño
y me invita a beber unas cervezas.

Yo, que no estoy de fiesta,
fijo mi corazón en una gota
y un mundo de cristal
que va de polizón entre mis dedos,
entre escapada y forma, cobra razón de océano.
El rayo ancla su risa antes que zarpe el trueno.
El corazón doliente no está solo.

A punta de pistola, al son de una jarana
se extiende la emoción,
por torrente y canal danzan, florecen,
las criaturas del agua.

La vida no parece tan risible.
Oyendo el trueno de la vida, siendo,
la conciencia del pobre cobra alas,
el mundo todo se hace movimiento.

Pregunta de última hora

Ahora que mi morada se acorta
y se hace estrecha
y conozco al dedillo mis pecados,
se me llenan las ansias de veranos
y los inviernos, de pasiones plenas.

Comienzo a envejecer...,
¿qué crees que debo hacer,
retroceder?

Me quedo lela

Esta tarde sin sol me has preguntado
de qué lado se estrena el corazón
cuando amor nace y nos sentimos viejos.

Ahora que caminamos
por las calles obscenas de New York,
que recortamos sueños y poemas
desde Strawberry Fields hasta West Village,
apurando, a lo Lennon,
la música del alma sobre el cuerpo,
se te nubla la voz y aún me preguntas...

Te podría decir que todo importa.
Que tú y yo, como todos, en la medida justa,
conformamos la inmensa postal de rascacielos.
Podría hasta jurar que amar, libar, besar
son ejercicios sin edad ni tiempo.
Pero, me quedo lela,
meditando en la hondura de tus ojos.
Me quedo lela ansiando, sopesando
lo que cuesta soltar nudos y velas
en medio de una historia de hundimientos.
Esta tarde sin sol en que preguntas,
rimando el fuego de tu corazón,
con qué mano se enciende el universo,
no hallo respuestas en mi corazón,
a lo sumo unos versos, estos versos...

Un viernes venusino

Esta noche de viernes,
enloqueciendo el gesto en burbujas de vino
o ansiosa levadura de cervezas,
tropiezo con mi espejo y me doy cuenta:
Soy una torre blanca de carne y espesura,
a veces, enrojezco de ternura,
amarilleo de ira,
o pierdo la cordura y la vergüenza
en un verso sin bridas.

Hoy, viernes en la noche me doy cuenta,
mientras el tiempo en la conciencia gira,
que escribiendo estos versos,
manos rugosas, labios como belfos,
reconcilio lo humano con la vida.

La noticia

Ya viene de regreso de la flor,
ebrio de néctar
y perfora el espacio
dibujando en su danza un mensaje anunciado
y aún secreto.

Hace vibrar el aire con su zumbido ronco
y eriza mis cabellos mientras danza
en torno de mi cuerpo.
Qué noticia traerá,
será trueno de gloria,
espigada ilusión
o el abandono de un amor ya ido.
Qué noticia traerá bajo sus élitros,
ese negro abejorro que hoy me asalta
suspendiendo su canto entre los tilos.

Ya viene de regreso de la flor
y entra en mi pecho cual botón al hilo.

Consagración

La ruta de la paja hacia la yerba
por los caminos de la tarde.
El roce menudito de la mano
de un hombre pequeñito

en las rugosas manos de un abuelo.
El olor agridulce de la tierra
que nos recuerda el peso de la losa que espera.
La verde algarabía de hojas y aves:
he aquí mi cuerpo.

La lluvia en la arboleda.
El borboteo espeso de la miel en la fronda.
La caja pectoral de la madera.
La savia que dulce transita
por los pechos redondos de la madre
donde la vida aluza sus ojeras.
El sudor que se afina con el dolor y el hambre:
he aquí mi sangre.

Y ahora que la mesa está servida,
que una por una bajan a los huesos
las copas de mi sangre, los hilos de mi vida,
siendo ésta la última y la primera cena,
que no se oculte la palabra buena.
Que se oiga el caer de cada hoja
en la sorda espesura que nos ciega.
Que haya para todos alegría y bonanza feliz.
Que no agote la vida, que no duela,
que no pese el vivir, que nos sea fácil.

Debo ser yo

A lo mejor es otra la que espera
sin piernas, tras la lluvia.
A lo mejor es otro el lindero de fuego
que ahora sacia la sed en mi garganta.
Y quién sabe si al cabo de mil años
esa mujer, que en sombras ha caído,
no seré yo.

Y ese hombre glacial que ahora se mueve
al compás del olvido,
traerá otra floración, otra música
que no llene mis ojos de lágrimas.

A juzgar por el grueso de la lluvia
y esta pena ancestral que me abre el pecho,
debo ser yo quien ha empapado el muro.

Desafío

Una vida no basta, quiero dos
para vivir lo vivo y lo vivido.
Mal tiempo le daré a la oscura muerte
si no me las concede de corrido.

Si la muerte presume
(A José Ramón Ortiz)

Hoy, esta noche, amiga,
ponte aquel negro camisón de seda,
el que compraste con ilusión sentida
como chaleco de dar bienvenidas,
ya decidida a inaugurar con él visitas importantes.
Hoy, que no te consuele estar adentro
abreviando deseos, tapándote la cara inútilmente
bajo el aliento de la soledad;
ponte el camisón nuevo y alégrate
en frescor de balcón
y en el ceñido pecho de la hamaca
duerme el sueño del alba, de la brisa y la araña,
desanuda con tiento los hilos de tu noche.

Vamos, amiga, anímate,
filtra el dulzor del resplandor magnífico,
encógete de hombros y ríete.
Trae a tu corazón la alegre ráfaga
y aluza con los fuegos de la fiesta lejana
el frío corazón de tus espejos.
Las urracas gruñonas no alcanzan el vivir,
mueren sufriendo
y tú estás viva, amiga, como mimosa púdica
despiertas sensitiva al roce de unos dedos.

Por hoy, sólo por hoy,
péinate como nunca, vístete en armonía,
inclínate despacio a la alegría,
arrímate a la ojera de la dicha...
¡Si la Muerte presume, córtate el pelo!

Mientras el coro lacrimoso estalla
y los flacos de espíritu forjan su propio infierno,
rompe cerrojos, puertas y ventanas.
Y que sea hoy, no esperes al mañana,
apresúrate amiga, ponte el camisón negro.

Es tarde de otro jueves

Esta tarde en que está puesta la mesa
sobre el mantel que ha dibujado el viento,
el ojo transparente de un mago en la maleza
atisba y me contempla
como si fuera yo la maravilla,
como si fuera yo
la fiesta y el motivo del misterio.

Es la tarde de un jueves memorable
en que el hilo de Dios
prensando hojaldres

sobre el fuego amoroso de mi pecho,
penetra por los tallos tenebrosos del mangle
y me obliga el pensar, casi en secreto.

Es tarde de otro jueves, de seguro,
que en el confín opuesto de la tierra,
secreto, ansioso en su rincón oscuro,
otro mago en conjuro
tallará mi figura en otra mesa
y en mi chata nariz, que a almeja aspira,
desafiando a la historia y a la ciencia
florecerá una umbela sensitiva
erguida en un matiz de mi conciencia.

Remembranzas
(A Juan Martínez Capó)

Pensar,
que al leve roce de su vara
el mago verde que vivía en mi patio
despertaba el cilantro, la albahaca,
los gérmenes del millo,
la rosada dulzura del mangó,
el canto bermellón de la granada.
Pensar,
que entre las herramientas misteriosas del mago
estaba mi varita entintada,
destinada a escribir bajo encomienda
de quién sabe qué duende,
de quién sabe qué hada,
la melodía esencial de la palabra.
Y pensar que la hebra, como el viento,
se ha disipado cual sueño de triste,
que la huerta en el patio ya no existe,
que el ron vive de azúcares extrañas
y el mundo vegetal de nuestra infancia

condenado a la sed, al humo, al ruido
mora en la paz ruinosa del olvido...

Recorriendo la noche a pasos largos,
casi sin que lo piense,
muerde mi oído la palabra patio
y un cabete de Dios surcando el viento
se enreda en la oquedad de mi zapatos.

Canción a voces
(Violeta López Suria)

Ya reposado el tableteo, el trueno
eriza al aire con su bocanada;
las botellas, las cuerdas, los caños del desagüe
perfilan su ulular sobre las casas.

Del monte seco baja al descampado
el crujir de las ramas,
desplegadas las hojas, seseantes los jazmines,
chorreantes los vestidos de las cañas,
más allá del cantío de los gallos
y el silbido del plátano,
es el viento el que canta.

Su canto ya esperado,
como un antiguo himno, como oración espléndida,
entra en el rojo templo de mi sangre
y ciñe cada hueso de mi cuerpo.
Si oigo un rumor de abejas
es el viento que vuelve,
si oigo un batir de estrellas,
es el viento que canta.

Por la mordiente roja, dorada granadina,
se oculta un ruiseñor;

alguien llora en silencio en un rincón,
como sombra a mi espalda, el aire avanza.
Junto a la orilla umbría se adentra un pescador
y el viento en su porfía, canta, canta...

Mesuras, ¿contrapesos?

Cuando danzan las mariposas
ritmando el alba,
cuando emprende su marcha el ocelote
frente al sol que es su espejo;
un hombre, casi niño, aroma y miel,
que canta con el pájaro, que nada con el pez,
se inicia en los misterios de la danza
y el félido, el mamífero, el insecto,
saltan al redondel, mudan de piel;
la tarde, toda oídos, se hace danza.

¡Cómo danzan las mariposas,
cómo se exaltan festejando al sol,
gozozas, mansas!
Ajenas al dolor y a la penuria,
barajando colores junto al río,
¡cómo danzan, cuando se cuelan por un verso mío
y envuelven mi cerebro hasta la entraña,
cómo doman y enhebran mis colores
colmando el pecho de los cundiamores,
arrinconando el flanco de la seca,
el cerco de la zarza!

¡Lujosas, primorosas, celestes, altas...!
Resuellos en mi boca,
rojos tumultos en mi piel cansada,
cómo danzan las mariposas
equilibrando un dios verdi-naranja,
giro tras giro hasta llenar el aire...

Sin canción ni piel

Por ahí, cruzando por la tarde viene,
demorado en la lluvia,
presto en la horma del oficio diario.
Por ahí llega el rumor de su cintura
girando entre las tejas, colándose en trastienda,
destrenzando en mil hojas cada rama...

Todos saben del aire;
la cortina de nítidos costados,
la harina que dormita un sueño ya esponjado,
la nube que descuelga en paños finos
y la boca del polvo y la rosca del humo del cigarro...;
todos saben del aire, pero nadie lo nombra.

Para nombrarlo, para conjurarlo, es él,
que una vez aspirado y encumbrado,
concilia cada soplo con mi aliento.
Para acunarlo en mí, para apresarlo, es él
el que conmina y traza surcos tibios en mi boca.

Y por ahí, cruzando por la tarde viene.
Cuán limpio, cuán reciente, qué inaugurado siempre
cuando asoma en visillos por mis párpados;
qué tenue cuando sopla su frescura en mi sueño
y qué piadoso en el desvelo
o en el beso amoroso del abuelo.

Hoy, pensando que habitaba entre las aguas,
me acerqué al mar por verle,
subí por la fragancia de la espuma y la ola
y pude ver, sobre el lirio redondo de su pecho,
un manantial de sangre que juntando corolas
empalmaba en la orilla la música de un verso.

No alcancé a verle el alma, él, al notarme,
se internó en el alba, en el rojo destello de un lucero.

Ahora, toda vez que una nube se suspende en el monte
o un pájaro se posa sobre su propio vuelo,
sospecho la caricia, la presencia del aire
que sin canción ni piel surca el silencio...

Confesión pertinente

La letra es el vestido,
lo que digo
se desnuda detrás de lo que escribo.

Oficios

El pescador,
con su oscura cabeza combada, como gota,
ojos de búho y brazos como remos,
le ha visto el alma al pez,
conoce la pasión que impulsa a la gaviota.

El zapatero,
con dedos férreos, densos como mazos,
manos flexibles, ágiles cual lenguas,
si se afianza a su yunque
sabe lo que es un buen o un mal zapato,
se apiada del descalzo cuando llueve.

La costurera,
con vocación de araña vieja,
corta y mide la red de su telar,
construye la mortaja del insecto
con la pericia de un buen arquitecto.
En su afán, en el triunfo de su hazaña
le va la vida.

Los seres que sospechan y confirman
que el error de un impulso
puede arruinar la agenda de una vida,
inmunes a los golpes del azar,
al vaivén de la suerte,
se aferran a la esencia, entrañan la faena.

Nada más elocuente,
más a salvo del miedo y de la muerte,
que saber afinar con maestría,
en el entorno o en la intimidad,
nuestro yo más profundo.

Proceso de creación

En la caja volátil que llaman ascensor
subí al palomar donde vivo.
El loro de mi alma, con visos de rocola,
parloteaba los metros de mi oficio.
El gato, mau-yoando a pesar de sus pulgas,
retozaba y bailaba.
El agua de los grifos corría a borbotones
y sillas, mesas, libros y jarrones,
como movidos por mil centuriones,
también hacían lo suyo.

Pensando que era presa de un embrujo,
me moví al sótano del edificio

a ver, sólo por ver, si algo extraño
ocurría a mis vecinos.
El sótano era un médano de trinos
donde abejones, tordos, reinitas, zumbadores
picaban cada pieza del lavado
tornando cada hilaza, cada pieza
en una enorme flor.

Volví a subir
(por suerte el ascensor viajaba expreso).
Un mal cigarro, un vino de segunda
y un beso que aún no llega y que intereso,
desataron la punta de mis dedos.
Emulando a Tiresias, ignorando a Virgilio,
mis labios de poeta con conciencia de esteta
deletrearon tu nombre y lo imprimieron
en finísimas hebras.

Era domingo.
El lunes, amanecí desnuda, casi ciega,
con una gran hoguera por garganta
y un verso acrisolado en esperanza,
a solas, con mi alma, tras la puerta.

Que cuentan y no acaban

Son cosas de esas
que cuentan y no acaban...
A los hombres pequeños, pequeños de alma,
a esos que se incomodan
cuando quieren ser amos y no llegan a dueños,
no los rehace la misericordia,
es insensato juzgarlos con pena.

Son cosas, cosas de esas
que a veces se me ocurren.

El hombre que es pequeño
y en su pequeño diario
sólo se ocupa de sus pequeñeces,
no piensa, no discurre, no se crece
más allá de sus barbas.
¿Por qué conmiserarnos con su queja?

Sospecho que en mi empeño de escribir
adagios y anatemas,
aun con la anuencia de los compasivos,
me correrá el dolor por tantas venas
que no habrá carne muerta ni ser vivo
que no me compadezca.
Al menos, eso espero.

Y los zurdos de espíritu
cuando sientan mi verbo pintando
a sangre y rojo el umbral de sus puertas,
dirán que soy muy dura, alevosa, oscura,
que urdo turbias agendas.
Al menos, eso creo.

Son cosas, cosas de esas, goyescas, fellinescas,
que aunque en voz alta nunca se mencionen
le abren el paso a las murmuraciones.
Cosas de esas que cuentan y no acaban...

La otra punta del hilo

La otra punta del hilo
que no sabemos qué ni quién la hace
es la que nos da vida y sangre y carne,
la otra punta del hilo.

Hijo de cazador, nieto de magos,
el misterio es un duende pequeñito
que se pasea por los altos aires
tejiendo sueños, desfondando ojales,
el misterio es un duende pequeñito.

Si la cuerda se rompe,
si adelgaza al bajar por la ladera
o se quiebra al azote de la espuela;
el árbol, sea de vida o sea de ciencia,
entre puntos de cruz y cadenetas
hila una cuerda nueva,
el árbol sea de vida o sea de ciencia.

Cuando Amor alzó el vuelo la otra punta,
la que no viste, la que no incendiaste
con tus requiebros de humo,
entre piropos necios e importunos,
ya comenzó a danzar en otra cuerda
y anuncia un nuevo ombligo, un nuevo zumo.
Amor ya ha descifrado la madeja.

Si la tibia una flor es pura flama.
Si la asalta el dolor es pura hoguera.
Si consigue doblar ambas rodillas
sobre la alfombra de tu tiempo,
es madeja de sangre y esqueleto,
músculo presto a amar o a hacer la guerra.

No sabemos qué es ni quién la hace,
dónde termina ni dónde comienza,
la otra punta del hilo...

Testimonio poético

Con una mezcla de temor y arrojo,
hinchado el torso aun sin haber comido,
hundí ríos y peces en el fondo
de mis cinco sentidos.

Las flores incendiaron la mañana,
las estrellas, intentando picar un pez de oro
hundieron sus rodillas en mi alma
(justo a la altura de mi corazón)
y alumbraron la Tierra.

Los anzuelos sangraron como ijares.
Las tinieblas,
apartando las hebras con sus ojos de felpa,
llenaron cada sol, cada recodo
con sus gritos de guerra.
Los animales de la tierra, todos,
surcando transparencias
saltaron sobre el cuerno de la Luna
despeñando tesoros
sobre las aguas de aquel pozo inmenso.

Ya despuntaba el alba cuando el hombre
de manos arrugadas que yo era,
tronó sobre la urgencia de una lágrima
bajo una ventolera de alfabetos.

De bruces sobre el campo

Uno mira y describe lo que ve.
Uno, de sobra sabe que lo dicho, lo escrito
no es ni un asomo de lo que se ve.
Uno se inclina

y acomodando a tientas los sentidos
robados a la vista, contesta como puede.
Y aún se atreve,
hilando fino tras los gruesos trazos,
a hurgar la vida breve.
Mas, al mejor mirar,
ve hendijas, corazones y retazos,
que existen sin rozar lo definido.
Uno se calla irremisiblemente.

Hasta que un día, una tarde memorable,
por los largos espejos del rocío,
nuestra conciencia arde y, de repente,
al adentrarnos en el bosque umbrío
descubrimos lo visto.
Entonces, sólo entonces,
suelta uno los puños de la ira
y se exalta a la vida
sobre el gran equilibrio de los cálculos.
Uno recula, advierte, clarifica,
muda de ropas y, encendiendo un lampo,
se dispone a perder juicio y camisa
y se lanza de bruces sobre el campo.

Uno sabe que dice lo que sabe.
Uno, de sobra sabe qué no ha dicho.
Lo que no sabe, vuela con el ave.
Lo que sí sabe, permanece escrito.

Junte de poesía
(A Dinorah Marzán)

Le quebramos los huesos a la tarde.
Júpiter gravitaba sobre el cielo
y una luna ensanchada sobre el lomo del mar,

inequívocamente caribeño,
hollaba el rastro de la noche.
Entre sílabas pardas,
atiborrándonos de ron añejo,
despegamos un ruedo de mañanas
de la falda del viento
y aventando cristales,
como quien alza un sueño sobre el cuerpo,
intentamos el canto.

Cuando la sombra nos quebró los codos,
con la gran voluntad del que presiente
que nada quedará cuando se vaya,
con la esperanza y la conciencia rotas,
en un último intento,
juntamos las galletas deshechadas,
las migas de pan viejo,
le dimos de comer a las gaviotas
y comenzamos a cantar de nuevo.

Horas después, cuando apuntaba el alba,
un incansable pie, una mano incesante,
una gaviota en verso alucinante,
subió en traje de luces al trapecio.

Para mejor mirarnos

Un árbol es un cielo
y no es un cielo,
retado por la luz es un paraje
donde se incendian todos los veranos.

Un jardín es jarrón
sin ser jarrón,
si lo tienta el color

es una inmensa falda de cristal
bordada por abejas de oro.

Y el mar no es sólo el mar,
cazado y cazador,
quieto y alado,
el mar es más que el mar,
nombra y desnombra
discreta, sabiamente como el día.

Y un poeta es aún más,
mucho más que algún vuelo refugiado
en la fosa voraz de un esqueleto,
es piedra de amoríos contra el pecho,
furgón de mil caballos.

Por ahora, amigo, hablemos de poesía,
sabia, discretamente como el día,
para mejor mirarnos.

Invitación a mi mesa
(A Carmen Puigdollers)

El trigo, con su mano amarilla,
pintó el paisaje.
Traía un corazón blanco...

Ayer posé mi mano sobre una hogaza tibia
y descubrí un infante que escondía miedo y hambre
bajo un recio perfil de barro crudo.
Ayer, escondí el miedo en pieles de cebolla
y un anciano desnudo, con la garganta hundida,
golpeó mi pecho de cristal, gimiendo.

Ya ensayaban mis manos,
tus manos, nuestras manos,
el ritual memorial del panadero;

ya inclinaba mi torso, mi cintura,
las diez estalactitas de mis dedos
en la masa de harina,
sobre la flor de la palabra harina,
cuando en el femoral del alfabeto
saltaron los ladinos, los aviesos,
exigiéndome un trozo de pan.

Y cuántas manos vi, llenas de moscas,
amasando avaricias y recelos
para aumentar sus presupuestos rancios.
Cuánto mezquino astuto o comensal siniestro
se inventó la caída de una gaviota
o de una estrella rota
para decir (erigiéndose en rifle o bayoneta)
—Sostengamos al mundo, se está cayendo el cielo—.

Hoy es distinto,
hoy es tarde de fiesta.
Hoy, pensando en el destino de esta América,
invité a Josemilio, a Isabelita y Paco,
a Julio César y a ti, querida amiga,
a compartir el pan que hay en mi mesa.
Por agenda tenemos la Patria y la conciencia.
Por contraseña: el Verbo
y una prueba de harina entre los dedos.

Para cenar, no precisamos velas,
la tarde es transparente,
¡hoy preside el maestro!

Cambio de rumbo

De regreso a la Tierra,
surcando la galaxia
como quien cruza el Helesponto a nado,

me detengo y pregunto:
Cuando subí a nacer,
quién rompió el foso,
en qué piel se grabaron las noticias,
los versos
que traje en mis costados dolorosos.
Cuántos habrán sentido la tierra
que cual flor desparramada
se internó en las hendijas de mis uñas.
Cuántos habrán oído,
junto al rumor de abejas y de pájaros,
la voz del caracol cosido a mis orejas,
el cántico en mi cuello.

Ahora, atenta al paisaje,
presta a nacer de nuevo,
oteando el sitio de donde fui espantada,
diviso la miseria, los cimientos
de mi antigua morada.

Alguien llama, es mi turno.
Sobre los oros leves de las aguas
veo una barcaza que a otro cielo apunta.
En su proa, una estrella.
Giro sobre la luz, cambio de rumbo
y antes que el gran oleaje
cubra mi corazón y mis palabras,
sigo y me incluyo en ella.

Su mejor homenaje
(A Julia de Burgos)

Ahora, cuánto bullicio tumultuoso
en chillidos de pájaros,

en zumbar de hojas locas que se riegan
con la pasión voraz de un cuerpo líquido
sobre un espacio cuajado de huecos.

Ahora, cuánto aliño,
cuánto homenaje en tela o en papel
y cuánta desmedida adulación
celebrando el quehacer
de una mujer-poeta-pensamiento
que murió a punto de congelación,
abandonada en un país de sordos,
lejos de todo y todos,
mordida por el hambre, por el frío.

Hoy, sintiendo su oficio,
que es el oficio mío, es ella la que habla.
El poema interminable que dedicó a su río,
conforma el verbo mío.
Como el niño goloso de aquel cuento,
su poderoso dedo hecho a palabras
cerca la orilla de la luz,
detiene el paso turbio de las aguas
y ajeno a adulaciones y alabanzas,
surca el foso del tiempo.
Esta Julia de todos y de nadie,
rezo hondo, aliento grande,
bajo la negra sombra del destierro,
no precisa de flores, medallas o estatuillas
pulidas y ofrecidas a destiempo.

Ahora es ella, sólo ella la que habla.
Y, a qué dudarlo, ahora que nos falta,
su mejor homenaje son sus versos.

A un poeta
(A Don Clemente Soto Vélez)

Porque nunca serás hombre solo en contienda.
Porque en la huella de Martí está el Maestro Pedro
y en sus hijos, Clemente como piedra certera.
Porque tu *Caballo de Palo* será potro cerrero
de la raza de América, Soto Vélez, tus *Árboles*
hablarán nuestra lengua.
Voz de serena llama que ha sido, frente al látigo,
violencia.
Porque el futuro tiene tus ojos acendrados
y tu crin amarilla, desnudez que atraviesa.
Porque has sido flor mágica,
alma que atisba el mar cuando todos ven tierra.
Porque no vi dobleces en tu obra nocturna,
yo te canto, Poeta.
Y cuando el mundo sea un solo bosque negro,
quién osará avanzar ante tu mano fuerte,
sabio durmiente blanco, despierto oro de estrellas.
Tus juguetes de niño moldearán manos de hombre,
en madera dorada,
en tela abigarrada,
sobre el galope de las yeguas negras,
en caballos lustrados con penachos de ébano,
en bestias estupendas.
Y cuando el mundo sea, tú serás con el mundo.
Todo ruin elemento temerá tu palabra,
manchado en tez morena,
relucirán tus dientes como cuentas preciosas,
se agitarán tus ojos, corazón y cabeza.
Y cuando el mundo sea en hondura y en fuego,
las fogatas vibrando parirán rondas nuevas.
En cualquier noche, desde todas las noches,
tú dispondrás la mesa.
Desde el Estrecho azul

hasta la última huerta de Samaria.
En el ardor del Congo, en Ghana o en Guinea,
en Cuba liberada o en Chile sojuzgado,
en el vuelo rosado o negro de sus piernas,
se anunciará tu nombre como niño país,
como hombre frontera,
ansioso de servir a los hombres,
perdidamente enamorado de su tierra.
Y esa noche de fiesta para los araucanos,
incas y guaraníes, caribes y toltecas,
por la sangre taína se estirarán tus huesos
y el tambor en revuelta desde tus venas negras,
hablará con los mundos reducidos a sombra
y será nuevo el mundo y la marcha y la brega.
Guiados por tus luces inauditas,
estrenaremos soles.
Oh, Clemente. Oh, Poeta...

Puente de letras

Llega la tarde con sus dientes largos
a roerme la vida y la camisa.
Llega la tarde con sus muelles pasos
a zanjar en mis dedos la inquietud de un mañana.
Palpo el puente y sus flancos
y hay un planeta en descomposición
emboscado en el cesto de basura
que me hiela la piel y la sonrisa.
Inauguro un festejo en el espacio
y hay una mancha oscura, oscura y dura
en la copa de vino que hoy me dieron.

¡Con qué insolencia se allega la tarde
desinflando entre burlas sin repisa
los ingenuos carrillos de mis versos!

¡Y yo, con qué insolencia la recibo,
cuando a solas, emboscada en el cesto de mi cuarto,
voy agitando el puente de letras y reclamos
que un poeta ha colgado en mis adentros!

Distinta siempre

Quizás era la puesta al día
del yo conmigo misma,
o el encuentro del arte como agenda de vida
lo que me dio, enclavada en el Caribe,
carta de residencia.

O tal vez fue la unción,
la ingenua ráfaga de sueños de proporciones míticas
lo que me enloqueció (siendo aún muy joven)
como al Quijote con las novelas de caballería
y me indujo a forjar mi propia crónica.

Quizás,
fueron los versos patrióticos de Julia,
la piedad de Gabriela,
la insoslayable libertad en Juana,
el desafío en Delmira o Alfonsina,
lo que me hizo buscar, sintiendo a América,
un modo propio de cantarle al mundo,
una nueva cadencia.

Lo cierto es que crecí marcando rutas,
que abandoné el discurso de Neruda
y me atreví a llorar como Vallejo,
que me inventé una máscara para atraer la lluvia
y entré al Arcano de los cinco cielos
rememorando a Arguedas.

Lo cierto es que escribir, como escribo,
perseguida sin tregua
por el fantasma de mi propia casa,
regada por la sangre de tres razas,
me garantiza la sobrevivencia.

Quizás, por eso escribo
desde el recuerdo de los que se fueron,
con las mismas palabras,
distinta siempre,
dando forma a la muerte con la vida.

Desde la magia

Fue escrito este libro para mí, para ti.
Hubo mil ocasiones para forjarlo
pero ninguna más legítima.
He buscado incansablemente
un paño al cual coserlo,
un surco donde hollarlo,
un lector, un vidente
que al atesorarlo en su ojo
al hincarlo en su dedo
le hallara un firmamento,
algún pequeño espacio donde pudiera estar,
sobrevivir,
atendiéndolo en toda su pureza.

Y ya escrito
y sin haber hallado un rincón, un festón,
un frontispicio donde bien publicarlo,
hoy lo entrego a la grandura del Tiempo.
Igual decir, a un amigo desconocido.
Igual decir, a un genio ajeno.

Que es igual a decir
a toda la insensata inteligencia
que dispone al azar, con indolencia,
de los frutos del siglo.

Fue ardua la tarea.
Para entender que este poemario es nuestro
he debido robar a la boca del tiempo
la finalidad última, etérea de su canto.
He debido volver a mis antiguos gestos,
a mis juegos de niño
conformando mi sitio entre los hombres.

He debido escuchar,
sin dejar que se quiebre mi esqueleto
o mi espíritu, el rugido del agua
y adentrarme desnuda por la yerba.
He debido reñir y amar.

Todo lo cual me obliga a resumir
que este libro fue escrito,
asperjado, añejado y concebido
para mí y para ti.
No hay por qué disputar
ni su autoría ni su trascendencia.
Dios nos lo dio en herencia,
es tuyo-mío todo.
Desde la magia en nuestro entorno viene.

Edades

Lo que el ratón halló
bajo la dulce almohada de la infancia
fue un dolor de guijarros
y un tazón de monedas apretadas
al pie del arcoiris de mis sueños.

Lo que el ratón dejó,
a cambio de un primer diente de leche,
fue una infancia de muelas apretadas
encabalgando hambrunas junto al río.

Lo que me conmovió cuando la vida
hundió su uña afilada por mi boca,
fue un verso que con sílabas preciosas
alzó días de sol
sobre mis puentecitos de vidrio.

La adolescencia desgranó cristales.
La adultez, sin saberlo, escanció el vino.
Y ahora que la vejez se acerca sigilosa
encallando mi sueño en un lucero,
hundo mi mano en el sentir que agota
y rompo el calabazo del mito contra el cerro.

Con un niño en la piel
rasgo el papel
como quien troza un calendario nuevo.

Pero, quisiera

Aunque ustedes no quieran,
la fiesta terminó.
No quedan copas
para libar el néctar o el buen vino.
Se acabaron las viandas y las roscas
y la muchacha que servía el roncito
y el café calientito
se ha ido a acurrucar con su marido,
a soplar otras cañas,
a endulzar otras borras.

No es que yo crea en el abracadabra,
ni hay 40 ladrones escondidos
bajo el filo enjoyado de mis mangas.
Pero, esta noche,
al sacudir la fábula del sueño,
alcé mi corazón de tal manera
que apalabré candados y portones
y salieron del fondo de la estancia
todos los sordos, todos los ratones
y comenzó la fiesta de la Tierra.

Yo no soy Hamelín, pero esta noche,
aunque no lo parezca,
la magia se pasea sobre el tinglado
y las densas criaturas de la noche,
sin conocer de ciencias ni de hados,
cantan, engullen, pecan.

Yo no soy Hamelín, pero esta noche,
festiva y pendenciera...,
no es que yo sea Hamelín pero,
quisiera...

Y hablando de leyendas
(A Carmen Alicia Cadilla, niña siempre)

La tierra está de duelo.
El tigre, que es su tigre,
tras mil vueltas corridas en denuedo
alrededor de un árbol del camino,
se ha derretido.
Ahora el tigre es manteca salada.

El niño está de fiesta.
El niño, que es un sabio por ser niño,
se escuda en su inocencia.

Acosado, cercado y ya cautivo
de la furia del oso carnicero,
sucumbe ante su suerte
y entiende que al morir nace de nuevo.
Ahora el niño es poesía y nacimiento.

Y hablando de leyendas,
como la vida suele ser eterna
y la real belleza de las cosas
tiene mucho de fábula y de cuento,
el niño me conmueve con su fiesta,
la tierra me acongoja con su duelo.

Sé bien que esta mañana
esa rana que canta en la ventana
pronto será princesa, si la beso...

30 de enero

Los verdes, los ingenuos,
atónitos al ver informes garabatos
meciéndose en la piel de mi escritura
se preguntan acaso
qué ha traído a mis versos este enero.

Un rebaño de letras (creo que son 29)
apura el termostato alado de mi cuerpo.

Contar o calcular unos tallos quebrados,
ordenar unos puntos en plano o en espacio,
anidar mil estrellas en júbilos cerrados
de una y tantas maneras,
esa es la dulce agenda que me espera.

Papel, lápiz en mano, hilando lo vivido
en una fugitiva carrera sin sentido,

al pie del esqueleto
me ha nacido otro enero.
Los verdes, los ingenuos, dirán que lo he soñado
y yo, a veces, les creo.

Lección de Poesía

Verter el vino en vaso diminuto
afinando el sonido, soplando limpio.
Expresar al pensar lo que se siente
cortando espacios sin trozar espíritus.
Sudar el corazón.
Sumarse, invierno al hombro,
bajo un sol de pasión
a la gran caravana del Asombro...

Por eso escribo

Mi corazón va al mar, seduce a un pez
y olvida las miserias del anzuelo.
Mis ojos, circunvalando el corazón del fuego,
observan lo que ven, lo que no ven
y viajan sobre el mundo de las almas.
Mi humor, ligero en peso,
salta sobre la risa y la esperanza
y con el entusiasmo y la alegría
del que enciende una hoguera en el invierno,
va apurando la hiel de cada día...

Cuando me sirvo un poco de café,
engordando la tinta en viejas borras,
pienso en las cosas que podría hacer
si se me permitiera
separar el buen grano de la paja

sin lastimar ni al germen ni a la hoja.
Cuando me sirvo un poco de café
y se nos niega,
a mí y a mis hermanos pequeños,
el pan, un techo
y una porción del vino de la tierra,
me acosa el desamparo y esa rabia,
que hace dos siglos que camina en mí,
puebla de angustia cada sentimiento.

Por eso escribo,
con el alma apretada entre los dientes.
Por eso, como un mago
invento escenas, urdo adivinanzas,
jugosos cuentos
sobre la pena o la felicidad del hombre...

Por eso, cuando a solas me despierto,
estoy tan estridente,
tan falta de un amor, tan de ansia en ansia
y tan escandalosamente miel
que sin mediar contigo sentido ni palabra
sería capaz de armar un alfabeto,
una medida exacta,
para llenar de verbos nuestro tiempo.

Después de todo, no hay mejor consuelo.
Embebida en el mar de tus orillas,
olvido las miserias del anzuelo...

Estoy en vela

Partí de la semilla,
una ráfaga de aire me rasgó hasta endulzarme
y el polen hizo nido en mis rodillas.

Se distendió mi cuerpo en mil raíces.
Partí, hacia muchos sitios.

Era yo adolescente
y, porque no alcanzaba a ver la vida
más allá de mis dientes,
inexacta y atroz, entre asombros y prisas,
pensé hasta en suicidarme.

Era yo adolescente
y apenas comenzaba a conocerme
cuando un presagio de tenazas largas
pasó frente a mi espejo.

Lo cierto es que crecí
y junto a mí crecía (sin que yo lo notara)
un pavoroso insecto que asediaba
la creación en mis dedos.
Lo cierto es que vivía por costumbre,
porque sí, sin esfuerzo
y aunque llegué al nacer como invitada,
apurando una vida atolondrada,
acumulé riquezas de dueño.

Ahí llegó la adultez.
Cada vez con más fuerza,
rimando huellas y lloros ajenos,
me impregné de los vicios del poeta.
Sin pretender o acaso ser esteta,
ahondé el misterio y la escabrosa selva
leyendo a Julia y a Eliseo Diego.

Así se fue la vida consumiendo...
Mientras otros morían de añoranza,
la sangre de mis muertos me hallaba estupefacta,
viendo pasar la vida sin saberlo.

La ausencia que deserto,
el sueño y la inocencia,
todo lo que se habrá de hundir un día,
me hace perder de vista
la causa y el motivo de mi huella,
pero, mi corazón aún vive en mi poesía
y yo, por darle voz, estoy en vela.

Será preciso

Los niños juegan a cazar el alba
y han vuelto de cabeza al sueño.

La guitarra destrenza
con su mano amarilla los otoños
y escapa entre sus cuerdas
la melodía que anuncia la mañana.

El amor, que trae forma de muchacha,
cruza en la bendición de una paloma
y se aleja impulsado por el viento...

Será preciso reordenarlo todo:
burlar al cazador,
templar la flecha y detener el viento,
inventar un poema en cada pecho
y en ronda minuciosa de labios sin secreto
redefinir al mundo,
palabra tras palabra tras palabra...

Sueño vegetal

Del pétalo redondo de mi boca
al alargado tallo de mis dedos
viaja la miel solemne de mi pulso,

abrazada a un cigarro hecho de hollejos.
La rejilla luctuosa del sentido
va filtrando el deseo
y en picadillo de hojas un secreto
se asoma al entramado.

Del hueso almidonado, que es mi tronco,
al bulbo visceral, que es mi cerebro,
cruza entre consonantes y vocales
la sanguaza de un verso.

Ahora entre grano y numen,
enredada en cenizas y desvelos,
surge la flor del arte.
No necesito labios para hablarte,
ya el humo ha dicho todo lo que quiero.

Esplín

No estoy ni para bromas
ni de juego.
Inmersa en el fragor del universo,
me he salido de puntos y de comas.
Traigo un coraje negro con los verbos.
Hoy, Dios lo sabe, una alegría perfecta,
un perfecto dolor me mortifica.
En medio de la rabia más sola de este mundo,
hurgando tedios o estructuras pétreas,
no encuentro los fervores necesarios,
ni paz espiritual en los ancianos
ni sensación de vuelo en carne joven
ni quietud en los quietos
ni trabazón o enlace en sinalefas.

Ya he perdido mis petos,
mis branquias, mis molares,
cascando penas, masticando huesos.
Y hoy, con toda franqueza,
ni una aspirina arregla mi cabeza.
No estoy ni para bromas
ni de juego.

Magia, ¿poesía...?
(A Rafi Trelles, hacedor de magias)

Hay una araña blanca,
de plástico o de fieltro,
fabulando las artes de la ciencia;
una rana dispuesta a dar la hora,
una roca que reza por la salud del cierzo.

Hay un ciego que burla los muros de su encierro
en busca de una sombra que ha perdido;
un pájaro que inventa la fuerza de su nido,
un candil que deplora la farfulla del viento.

Hay quien siendo don nadie
y de nombre ninguno,
cuando se apresta a celebrar la vida,
el fulgor de la vida,
enciende una ilusión, se vuelve Alguno,
evoca un sol en flor, siembra un poema.

Hay ofertas de entrega
sin remitente ni destinatario
que hacen que un duende con 7 cabezas
grabe en la piedra austral del continente
Latinoamericano
la memoria feliz de un pueblo que se inventa.

Perfil de abeja
(A Isabelita Freire, educadora por excelencia)

...Y quién es ese bombo que relente
se apegó a la bombilla incandescente
tras una ronda loca, empecinada...
Qué fatal gracia bordó su descuido
que, abandonando el generoso nido,
se dejó seducir por el espejo...

La abeja nunca duerme.
Hoy, no la sospechaba.
Volando confiada, en desmesura,
volcada sobre un sol imaginario,
se prendió a la promesa del bombillo
y cayó ebria, oscura,
con las patas traseras calcinadas
sobre el horcón del lecho.
La rescaté despacio, la acuné,
espanté al gato terco, empedernido,
que quería, a todas luces, devorarla.
Como madre que anhela ver su engendro
dormido,
la posé en una flor con dulzura de nana...
Más luego, la olvidé;
se la cedí a la sombra de la tierra...

Hoy, bajo la parca luz de un candilero,
escribiendo un poema con la melancolía
del que redacta un viejo documento,
sentí un golpe en el pulso;
el zumbo de una abeja cual lento rayo
detonó en mi espejo.

Y, pensándolo bien, en este viernes
rugoso de recuerdos,
quién sabe si sea ella la que redacte el verso
y yo ejecute el vuelo...

Entre musas y arañas
(A Carmen Alicia Cadilla)

Dulcemente, su sombra
en una taza de café
o en la voluta de un buen cigarrillo,
surca el perfil severo del olvido
y trae su flauta blanca a mi memoria.

Digo la pena y su sonrisa buena,
diáfana en el espejo,
ronda el silencio.
Nombro la pena y una raíz azul,
azul de ensueño,
asciende conmovida hacia un cielo sin nubes.
Pienso la flor...
Imagino su cara, su nariz aguileña,
la picardía en sus ojos dulcemente trigueños,
el esplendor plateado de su pelo
resumido en la nuca.
Nombro la flor...
Sus manos, como ramas que la belleza nombran,
elevan la raíz hasta su fuente.

Un día como hoy,
extrañamente humano como éste,
nació y murió.
Un día como hoy el sabio, el niño,
la mariposa, el duende, el libre pensador

anunciaron su paso por la tierra.
Hoy, mientras las rosas rojas,
los granates purpúreos, las prístinas hogueras
murmuran que se ha muerto en tierra ajena,
una raíz amarga,
salida como un muelle de un antiguo sillón
o de la parte oscura de la tierra,
traza versos de sangre sobre mi mesa.

Se muere en Nueva York;
saboreando una pena dulce y honda
cual palabra sin cuerpo.
Se muere absurdamente en Nueva York,
decidida a ser una con la flor,
doliéndole ver sola
tanta orilla de luz, tanta belleza.
Muchos lloran su muerte...

Un día como hoy, precisamente,
quien escogió llamarse en este mundo
Carmen Alicia Cadilla Ruibal
se apaga como Julia en Nueva York,
hace un mutis silente
y en procesión muy lenta,
como quien a sí misma se contempla,
se interna por la danza de las hojas,
tronchada por el viento,
con la conformidad del Universo,
rodeada por Dios en todas partes...

Donde se encumbra el mar en su amado Arecibo,
¡ay de las garzas rotas en Jareales!

Donde el ojo vidrioso del Capitán Correa
azuza el fiero mar de Guajataca,
¡ay del azul funesto!

En la Cueva del Indio escarnecido,
en el Pozo anegado de Jacinto,
en la almeja, en la roca, tierra adentro,
¡ay de los que lloramos en silencio
su muerte, que es la muerte de la gracia,
extrema unción en Patria siempre nueva...

Yo me inclino despacio a la tristeza,
asumo el aire, cuido de sus flores,
trenzo musas y arañas inventando colores
y con las pocas uñas de vida que me quedan
aderezo en hojaldres su alfabeto de sueños.
Pero, para llorar esta flor,
para honrar la memoria de esta flor,
para nombrar la ausencia,
la mueca parda que asoló esta flor,
confieso que no encuentro en mi dolor
ni la palabra justa,
ni el sosiego anhelado, ni el consuelo.

Posando su bastón sobre mi mesa,
como quien sueña
un extraño dolor que nunca viera,
dulcemente, su sombra me contempla...

Cuando te vi

Cuando te vi, pensaba que eras tú y no eras.
Te recibí como si fueras.
Te puse un nombre y una cara ajenas.
Te alumbré sin saberte.

Designios

Me asignaron la agenda de tu piel.
Yo acomodaba años con las uñas,
experiencias vividas con la frente,
cuando alguna otra Mente,
en un recodo oculto del planeta
rozó tu corazón con mi estambre
y el jugo del amor preñó mi vida.

Temblé al verte venir.
Había vivido tanto,
atemperando al pájaro, desafiando al lagarto,
que tu presencia joven, tu voz tibia
se internó en la raíz de mi razón
y ardió en mi corazón
con temblores de hormiga.

Una sola señal sería suficiente.
A los 21 días del mes de marzo,
inaugurando el sol la primavera,

en algún punto, en alguna otra Mente
oculta en las agendas del planeta,
me sorprendió el amor y la vida,
le asignaron tu piel a mi herida,
me colgaron al hilo de tu sangre.

Toma de posesión

Cuando me vio llegar, no dijo nada.
Resopló junto al árbol,
animó los humores del barbecho
y, apagando las luces de la casa,
se hizo un ovillo
se metió en mi lecho
y me cubrió la cara con su manta.

Un extraño dolor no imaginado,
nunca esperado, nunca antes sentido,
se apoyó en mi cadera.
La noche me atrapó con su alambrera.
El día cayó como el descanso mismo.

Cuando le vi llegar, yo nada dije.
El deseo me invadió, yo nada dije.
Sabía de su intención y nada dije,
el silencio llenó todos mis huecos.

Horas después, metida en la bañera,
mientras miraba sin mirar la luna
que al deshojar mi flor en su corcova
descubría el engaño,
el miedo creció en mí de tal manera,
que me dormí como una araña boba,
arrimando humedades
tras los muros del baño.

Al despertar,
bramaba frío el árbol.
El germen,
convulsaba en el barbecho.

Votos de amor
(en "Sin fin", Luquillo, P.R.)

Tengo ante mí la manta
de los verdes isleños.
Mirando un gran caobo de reojo,
un verde casi rojo, casi negro,
llena mis ojos de melancolía.

Oteando el horizonte,
he atravesado el gran telar del monte
que no conoce la hincada del pico
ni el diente de la azada en su pendiente;
y una flor amarilla,
tersa como una planta trepadora,
de repente se vuelve mariposa
y ata en danza hecha vuelo
mis rodillas.

Sobre el paisaje agreste,
entre hierbas de sol, enajenada,
me sé profundamente enamorada
y hago votos de amor sobre una espiga.

Hoy tengo la ilusión

Hace un segundo habría sido fácil
decirle -no- a la Vida.
Y hasta hubiera podido refugiarme
en el trajín intenso del momento

burlando el hierro del dolor,
la garra de la Nada.

Pero ahora que me asomo a tu ventana
me acecha la ilusión inquebrantable
de que la Muerte me halle sorprendida,
atónita de amor, enamorada.
Golpeada por la flor, abrillantada
por tu savia y tu olor,
siempreviva en la flor de tu ternura.

Qué corazón

Qué corazón el mío,
sobre la mesa erguido, siempre.
Entre letras y versos,
serio y derecho y entendido, siempre,
donde nadie sonríe con ninguno.

Y qué payaso el tuyo, entre vuelos y oro
tan defendido y divertido, siempre.
Lujoso de promesas, desentendido siempre.
Qué corazón el tuyo.

Y cuando nos amamos,
desde el flujo al reflujo, pecho adentro,
cuán desigual y parecido el vaso
donde los dos,
enredando las almas con los brazos,
palpitamos de miedo.

Y qué serio va el mío, silencioso.
Y qué burlón va el tuyo, rumoroso,
ocultando la fibra del deseo.

Qué corazón, qué corazón el nuestro...

Franca condescendencia

Hoy,
puedes sentarte sobre mi cabeza.
Hoy,
puedes enhebrarte como cinta de cuero
a mi cintura.

Hoy,
te permito todo.
Puedes beberte mi agua,
alimentarte con mi voz,
comerte mis galletas,
prenderte como broche a mi cadera...

Hoy no hay lobo que valga,
se me escaparon todos los corderos.
Hoy la agenda de amor trae cicatrices
y las palabras son como perdices
escapadas del cerco de los sueños.

Esa dulzura tuya

Hoy es el día de surcar el mundo
junto a animales dulces.
Hoy es día de quemar plantas amargas.
Hoy la poda trae cara de poema
y quisiera, Dios sabe que quisiera,
no encontrar fruto amargo ni jornalero triste
ni aguijón sin abeja en la palabra.

Hoy es el día de la misa buena,
aliñada con miel de otras galaxias
la oración de la vida
se vuelca a manos llenas
por los jardines de la casa.

Hoy, la dulzura tuya,
trajeada de ilusión y de paloma,
le canta al sol cual ruiseñor de ensueño,
en la rama más alta.

Agualoja

Mi amor es de canela,
clavo de olor y miel.
Su beso es agua dulce a mi paladar.
Su gesto es recio, fuerte y cautivador
como el incienso.

Mi amado es hoja y es raigal.
Los colores del hombre y la mujer,
las texturas del cielo y de la tierra
surgen en su mirada de trigal.
Mi amado es todo en todo.

Si lo siento en la casa
se hace ambrosía en mi taza.
Si a la hora del café aflora su presencia
es poción agridulce en múcura de aromas
y de esencias.
Si presiento su piel sobre mi piel,
se hace brasa en mi cuerpo, rocío en mi sed.

Con su boca de caña y mermelada,
con su sonrisa, hojuela enharinada,
mitad buñuelo, mitad cusubé,
mi amor es de canela, clavo de olor y miel,
mi amado es de agualoja.

Y, acerca de la luna

Selene, la que ha sentido el pájaro de acero
merodeando en su entraña,
hoy le confiesa al tiempo que te ama.
El Sol, aún no ha mordido su vagina de estrellas,
sus pezones de nácar
y ella aprovecha el biombo de las sombras
para jurarte amor a sus espaldas.

Ayer hizo girar el lomo de la Tierra
y convocó a las Pléyades.
Hoy se internó en la selva
y provocando al gran cocuyo verde
le acompañó a cantar extrañamente
sobre las ceibas de tu estancia.
Tan hondo era su amor...

Pero, ahora, mírala asomada.
Ahora que nadie mira lo que tú y ella miran
haz que reciba en organdí y holanda
al niño de tus sueños,
aprisiona en amor su talle breve
y dile que la quieres y abrázala,
abrázala como se abraza a un dios,
como nadie ha abrazado a la Luna,
como se abrazan las luces del alma.

Esa luna, tu luna, que es Selene,
que en traje de mujer carga enaguas de tul,
ha sabido sentarse 7 días, 7 insondables noches
al trasluz, en la ruta del Cielo
y ha estirado cual gata sus pies de terciopelo
sólo para decirte que te ama.

Esa luna, la luna que es horquilla en tu pelo,
ha sabido rodar sobre los montes,

desliar el cigarro de la playa
y enfilar su pluviómetro de estrellas
con un único fin, medirte el alma.

Y ahora, mírala asomada,
agárrate a su falda y dile que la quieres,
que te espere,
que tejerás con ella un edredón tan muelle,
tan transparente como el alba.
Desátale el fervor y hazla tu luna.
Si se siente anhelada, a veces canta.

Mi corazón

Cuando decide cerrar sus compuertas,
no amar ni ser amado,
es como un pantalón recién comprado,
muchos bolsillos y ninguna llave.

Tiempo moriviví

Como dos lamparones, sus ojos,
casi secos, me dijeron adiós.
Adiós, dos lamparones casi secos.
Adiós, dos luces en medio de la noche.
Adiós, dos lagrimones en brillo contra el negro.

Adiós dijo y adiós yo respondí,
con un risible, absurdo e inaudible
pequeño, pequeñísimo, inadvertido gesto
que apenas se entreabrió en mi mano torpe.
Que, apenas entreabierto,
con un temblor de esfera

se entrecerró como moriviví en la ojera del campo,
girando a medio giro, oteando a medio cuerpo.

Mimoso y púdico,
cual fogoso cometa
suscrito al hemisferio de una mano.
Brioso y lúdico, como tirabuzón desencarnado
contra un corcho de viento.
Casi muerto y girando,
de bruces y girando,
torpe mueca y girando contra el gesto.

Ni de juego

No quiero que me digas
ni de juego
que te marchas sin mí.
Sé que por donde vas,
adonde vas
todas las formas de sentir contigo
contigo se me van, sola me quedo.

Después de amarte,
ya superado el miedo de perderte,
ya trenzada en el nudo de tu cuerpo,
no alcanzo a comprender, no imagino
cómo puede existir la sed,
la muerte, la soledad,
cuando me asalta este domingo espléndido.
Después de haberte dado lo esperado
y aun lo inesperado en vaso rebosante,
jugando a ser feliz
junto al búho de trapo de tus sueños,
no quiero que me digan, que me digas

que reanudas tu vida y tu deseo
sin consultarme, sin pensar en mí.

No quiero que me digas que te vas,
¡no acepto que te marches, ni de juego!

Con permiso de todos

Si para que te diga que te quiere
hay que posarle niñas en los ojos,
esbozarle en el rostro una sonrisa,
ponerse de rodillas arrastrando los pies
en bailecito propio
y, casi agonizante, mientras penas
porque te arrope en besos o te abrace,
oírle contar conquistas o quereres ajenos,
mejor que no te diga que te quiere,
mejor no amarle.

Y si para cumplir cabal, juiciosamente,
tu existencia y tu oficio
gestando tus poemas en lo íntimo,
debes parir mil versos por encargo,
fabricar locuciones para fiestas, bautizos,
funerales o ajenos cumpleaños
mientras te arrumba la ansiedad o el tedio,
mejor que no te llamen poeta,
preferible sería no escribir nada.

De seguro no puedes y no debes
quemarte por amor a la verdad
en un pueblo de embaucadores.
De seguro no debes y no puedes.

Si es que para vivir plena, decentemente,
debes hacerle guiños a la muerte
o encumbrar la mentira, mejor te vas,
recoge tus panteones y te vas,
atiesa tus quereres y te vas.
Y yo, que como tú, ya he decidido
honrar mi corazón y mi verdad
a esta altura del siglo,
recojo mis papeles y me voy,
aunque me tilden de orgullosa y hosca.
Como, en guerra avisada, no entran moscas,
con permiso de todos, me retiro.

Tamaño adentro

Sonreía para mí, pensando
que aun cuando en dulces besos me envolvía
se burlaba de mí, me zahería.
Y aun sonreía para mí, pensando
que al pasar de los años,
ahora que en mi vivir cuelga su vida,
se me crece el desdén, tamaño adentro.
Hoy que iba a solas, pura como un trino,
alegre como un loco y retozando,
lo repensé y presiento
que hice de él el límite del mundo.
Hoy que iba sola, alegre y decidida,
ya libre de su amor,
moviendo el aire por huir del miedo,
lo repienso y presiento que pese a él
quizás gracias a él
he logrado alcanzar tallas magníficas.
Ahora, frente al cadáver de su sexo,
siento que alguien ha muerto sin venir.
Ahora, frente al cadáver de su sexo

acomodo su amor, su torpe mímica
en los pequeños actos de costumbre.
Ahora y hoy, repensando todo esto,
amar, sentir, pensar son ejercicios
que considero por derecho propios.
Cambio de piel cuando caliento el lecho.
Ahora y hoy, en igualdad de nombre y de derecho,
edifico otro puente hacia otro cuerpo
y archivo nuestro amor mientras lo escribo.

Pier 17

El barrio es Brooklyn,
la estación, verano.
La luna, como un huevo aterido,
como un apetitoso bocado,
se columpia en el Puente.
La bahía, con la boca a la intemperie
se arrebuja en un barco mortecino
y el sol, ya derrumbado,
corta y madeja sombras, ata y desata hilos,
prolongando el calado en el misterio.

Tu cuerpo huele a mar sobre mi cuerpo.
Tu pasión viaja sobre mis sentidos
a 38 kilómetros de vida.
Y tu canción, prendida como broche,
atada como horquilla a la garganta
de un buen marinero, timonea el barco
y aluza el sereno de la vida sencilla.

Son las 8 p.m.
Un infante de nieve, prendido a la ilusión
de un globo colorido, marca la hora.
Una novia anacrónica, corpiño y blanco velo,

se despliega en lujosa limosina.
Un deambulante, roto e inconexo,
me pide una moneda.
Una 'soul singer', vieja, gorda y negra,
me hace llorar a ratos.
Y el recuerdo del bardo de Manhattan
llena mis bronquios de melancolía.

Son las 8 pasado el meridiano.
La húmeda nublazón, la intermitencia de mi corazón
me hace saltar un puente imaginario
y jurarte mi amor por las esquinas.
Pier 17, New York, pleno verano,
South Street Sea Port, tomada de tu mano
a 38 kilómetros de vida.

Como un as de barajas

Como roble florido y pródigo en alfombras
vejado por el hacha, venido a menos,
justo al comienzo de la Primavera,
así me siento hoy.
Detonada intención, triste momento.

Cabeza negra y manos arrugadas,
carga sin eclosión, árbol sin viento,
justo cuando los pájaros se anidan
y las ramas se escapan,
así me siento hoy, triste y molesta,
roca con sed de agua.

Así me siento desde tu partida,
como un As de barajas sin barajas.

Preguntas, dulces preguntas

¿Bajo qué sépalo se abrió la fuente?
¿Cuánta hebra de olor,
qué rejuego de estambres y pistilos
se dieron cita para hilar el cáliz?
Si he vivido entre zarzas y barbechos,
cómo llegó mi corazón de abeja
al panal oloroso de tu pecho?

Ser feliz

Sentarse reposado a trabajar,
cara al sol,
con la lumbre primera.
Pegar primero en la escalera.
Dejarse conquistar
y aún ser dueño.
Cruzar la puerta
que encontramos cerrada
sin violar su secreto.
Tañir, sin plañideras,
la campana del agua
que precede al dolor.
Remendar fuentes rotas
con volutas de hueso.
Saber mirarse sin abandonarse
al rostro en el espejo.
Todo eso es ser feliz.

Llegar a casa temiendo el torvo encuentro
con la temible soledad y encontrarte en un beso,
¡ya eso es el colmo de la dicha!

En la playa vecina

Como un frágil cangrejo al cual los niños
en su inocente juego
le han cortado las pinzas,
así quedé, maltrecho, empobrecido,
cuando sentí que Amor me abandonaba.

Lo que no sospeché mientras corría,
lo que no imaginé mientras huía
dando marcha hacia atrás,
era que el Mundo con su enorme pata
repoblaba otros cielos, otras playas,
que existían otros nidos, otras vidas.

Y que mientras lloraba,
otro amor sin malicia, sin vendas, sin reservas,
sin sospechar siquiera que tú me abandonabas,
en la playa vecina
me esperaba.

En dimensión correcta

El árbol oloroso,
donde el liquen convive con la hoja,
lo sabe y no lo dice.
El condenado a muerte,
cuando se entrega al llanto en carne y hueso
y no encuentra un regazo que le acoja,
lo sabe y no lo dice.
El pájaro sediento, el pez en sombra,
las casas que soñando sobre el cerro
planean la fuga, lo saben,
lo sabían desde siempre y nada dijeron.

Tú pasaste muy joven por la puerta
de los dos hemisferios.
Los miedos, los destierros, ajenos a tu edad,
nunca te hollaron, nunca te afligieron.
Venías limpia de olvido, ebria de barcos,
habitabas abismos clarísimos.

Y me pregunto hoy, cómo es que discurriendo
por la más espantosa soledad,
mordiéndole las uñas al infierno,
permaneces ecuánime y tranquila.
Hoy, viendo tu parpadeo en los espejos
que bordean nuestra isla, pienso
que quizás yo fui el cómplice mayor
cuando, acuñando versos sobre un pliego,
te vi pasar sin enunciar palabra.

Hoy, viéndome en tu espejo,
a partir de tu historia y tu cantar, aprendo.
Nadie dice, aunque se lo pregunten
lo que sabe de cierto.
Y el hacha, si se inclina en dimensión correcta,
tiene forma de pétalo.

Paisaje fragmentado

En una isla llamada Culebra
bordeando la Playa Flamenco
una gaviota de pico acerado
se entretiene picándome los senos.
Embebida en las formas,
al mismísimo borde de la luz,
cruzo la arena y observo el concertado movimiento
de una criatura alada.

El mundo se me ocurre fragmentado:
un velero es un punto en vida sola,
el viento es una sierpe infinita en su forma,
una ola, estallada en su corola,
es una flor en fuga hacia otro tiempo.

Frente a la inmensa mesa de cristal
que me regala el mar,
estoy aquí y allá y en todas partes.
El Universo se ha cuadriculado,
a pedacitos miro, a pedacitos veo.

Huelo la seducción, huele a marisma,
de saciedad al hambre y al revés
descifro el prisma en el cristal del sueño.
El sol, cambia de sitio, la penumbra
se entretiene picando nuestros huesos.

Frente a la inmensa mesa de cristal
que bordea la playa de Flamenco
a pedacitos se nos cae la sombra,
a pedacitos se me caen los dedos.

Ahora que nos permiten

Ahora que nos permiten el soñar,
sueña conmigo y dime
que ya no hay mariposa temerosa
del cazador furtivo,
que el ruiseñor cantará para siempre,
que no faltarán árboles y el calor de la vida,
el mágico rejuego de la luz
bullirá en cada hoja, en cada primavera
hasta el fin de los días.

Ahora que nos permiten...
frente a este abismo transparente
que la nostalgia, como perro, vela,
prométeme un futuro de generosas puertas,
dibújame un amparo donde quepa la herida
que me provoca el verte sin tenerte.

Hoy, en sueños, prudente, lentamente
ordena tú conmigo la ensoñación, los versos
con minuciosa letra.
Ayúdame a entender que, aun en las noches
ceñidas en pobreza,
más allá de las piedras, el duelo o el rocío
sube a los cielos nuestra enredadera.

Desvelo, cuando amor

No podía dormir.
Toda la noche, toda,
oí piar los pájaros.
Amor, en lo más fino,
en la rama más alta y más endeble,
de hito en hito, miraba.
Mientras, llegaba,
desde lo más oscuro de mi sangre,
hasta las linternitas de mis ojos
sin sueño, una estela de pájaros,
sin pájaros.
No podía dormir.
Algo, como si un aire
aventara la ortiga hasta la flor.
Algo, como si un duende advenedizo
reventara en mis dientes mil sonidos
de intención y de manos.
Algo, como de vértigo y misterio

fluyendo desde el cielo hasta el abismo,
hacía piar los pájaros.

No logré conciliar cuerpo y cabeza
cuando Amor,
recorriendo mi pecho a la traviesa,
acomodó sus trinos en mi sangre
y fijó tras mi piel su blanco mágico.

Condiciones

Si me quieren muerta, tendrán que matarme.
Si me quieren vencida y de rodillas,
tendrán que derrumbarme en cada hueso.

Lugar de origen

Es aquí donde ruedo,
donde rodé una vez aún niña,
casi niña
sobre la curvatura de mi espalda.
Es aquí donde entiendo
la paz de la caricia,
la fuerza del laurel
escalando raíces,
desmesurando verdes en suavidad de rama
contra el cielo.
Aquí nazco, nací
con pie descalzo, frágil
frente a la transparencia de la noche.
Aquí es donde me he vuelto sorda y vieja
doblegando el dolor,
apisonando mi temblor, mi piel,
regando mi ternura de mujer
en la costa reseca de estas islas.
Es aquí donde estreno mi silencio,
donde me asalta la pasión, el verbo,

la afroantillana piel de las costumbres
apresada en las lenguas de mi infancia.
Aquí donde sospecho y confirmo
de una vez para siempre
que no podía nacer en otra parte
que no fuera este trópico caliente
donde tan bien se está, donde se siente
el reclamo del ser,
el círculo en lo hondo del ser,
la rumorosa sed de pertenencia.

La mancha

Desgajando una mano de guineos
siento un trozo de sol que se derrama,
el verde se hace blanco abriendo el pozo
que los dedos dibujan.
Fruto y piel, mano y piel, vianda y corteza,
fibra y jugo se escancian,
alimentando al dios de la maleza
en la amplia selva centroamericana.

El fogón somnoliento acoge al leño,
el olor con el humo se agiganta
y la pena agridulce como un rezo
se eleva con la décima que canta.
¡Ya hirvieron los guineos!,
los dedos amarillos en zumo y filamento
delatan al gestor como una mancha.
Hay un olor a origen, a campo en la espesura
y un dios
que hundiendo el fuego del machete en la agrura,
apresa entre sus dedos la esperanza,
desgajando otra mano de guineos
como quien pesca flechas con aljabas.

Cantos de pitirre (I)

Con garra suave, desarmando el miedo,
sobrevolando el cielo de los días que aún quedan por vivir,
rozo el fulgor y enciendo la porfía
que sostiene la llama de mi anhelo.

Así llega el momento en que penetro
la sombría casa de la muerte oculta
y la traición, demasiado brillante, casi pública,
corroe cada uno de mis huesos
pero, no desespero.

Sé que un día, cuando menos yo lo espere,
mi corazón con boca de navaja,
en el aciago mar que hoy lo contiene,
picará al pez de plata.
Sé que un día el fuego manso,
que en servicial y mágica belleza
engarza versos-cantos en mis dedos,
se alzará cual pitirre en el espacio
hiriendo al dios de fuego.

Si la Luna es propicia,
si el mar honra el anzuelo y la carnada
y la ilusión restalla en fértil fuelle,
pena del guaraguao, si es que se atreve,
pena del que haga frente a la celada.

Cantos de pitirre (II)

La tarde en que vi a un pitirre
persiguiendo a un guaraguao,
pensé que el pequeño alado
estaba herido de muerte.

Que buscaba ayuda, abrigo para llegar a su nido,
que herido de muerte estaba.

La lucha no tenía tregua, iban cuerpo sobre cuerpo,
el pequeño iba picando, el fuerte giraba huyendo.
Y mi alma que observaba, puesta en vilo,
era un filo de sorpresa renqueando por el camino,
herida de asombro estaba.

El aire se congeló, el viento afinó su oído
y se convirtió en testigo de la contienda mayor.
Yo, que en un recodo urdía unos versos natimuertos,
al oír zumbas veloces reventando contra el cerro,
quise esquivar la celada
y subiendo a una emplanada vi al guaraguao
que en el trillo, herido de muerte estaba.

Esa tarde, que hoy recuerdo, estaba el cielo empedrao,
el manantial, quejumbroso,
sollozaba el bosque umbroso
y el pitirre que volaba por la gleba,
iba cantando la suerte del pequeño, que es su astucia.
Más allá, el rapaz isleño llanto y plumas deshojaba.
Ya estaba herido de muerte,
ya herido de muerte estaba.

Con una especie de necesidad

Metida en la mañana, con una especie de necesidad
de descubrir la patria en la belleza,
sentí un temblor ajeno al bien y al mal
y un pueblo ardiendo en toda su pureza.
Era el día y su anillo
que, olvidando el dolor de las criaturas,
hurgaba vida y muerte
y labraba la rueda de la suerte

con misterioso puño y escritura.
Era el día que, en la fécula del aire,
como gato que lame en sus bigotes
la inquietud del desvelo,
mezclaba en la riqueza del paisaje
la pobreza de un día ceniciento.

Ya estaba aquí, por fin, envuelta en llamas
la palabra auroral de la mañana.
Ya estaba aquí, por fin,
sobre el brocal sedoso de mi lámpara
la sombra curva del menesteroso,
el vientre airoso del rico adiposo,
la miel y la retama.

Fue así que me salí de la mañana
con una especie de necesidad
de apuntalar la patria en la belleza
y urdí, grabando sueño sobre piedra,
un paño tricolor sobre los vientos.

Ya en la espesura de una tarde espléndida,
cantándole a la patria y la bandera,
le di vuelta a la página del Tiempo.

Un personaje

Guardaba incienso, helechos,
moneditas de cobre, besos y hasta cenizas
en el vientre del cántaro.
Pero no aceite hirviente, no.
No castigo a mansalva ni mueca cobijada,
no oro mal habido ni cavilar siniestro.

Guardaba caracoles, veleros de papel,
latoncitos roídos y llaves en desuso

en pequeñísimos acojinados calderitos de fieltro.
Pero no dientes, no.
No alambres herrumbrosos ni estrellas disecadas
ni vidrios rotos, no.
Nada que hiriera al aire,
nada que enmudeciera el pensamiento.

En días de sol guardaba,
celebrando el calor que el sol le daba,
canicas y candiles.
En días lúgubres, negros,
se asomaba despacio a la boca del cántaro
y soñaba sus muertos.

Era un hombre tímido y simple,
un bueno de la tierra metido en la malicia
de la rota ciudad, otrora poderoso,
ahora, venido a menos.
Uno de tantos personajes nobles
que pueblan este pueblo.
Desde el sur, tramontano,
como hoja rumorosa rellena de noviembres,
me llega su recuerdo.

La paz de los objetos
(A Don Zoilo Cajigas)

Descubriendo al niño,
afinando su torso, su figura,
cruza el flanco espinoso de los atrios;
un filo de emoción juega en sus manos,
vueltas al sueño.

Descubriendo a la virgen,
recobrando su gesto, su cintura abultada,

su dulzura,
se despoja del tiempo como de un traje usado,
cala el misterio en el oficio diario,
se aviene a ser criatura en la madera.

Palo y navaja en mano, Zoilo,
que así le llaman al santero antillano,
talla en cedros, caobos y pinos olorosos
memorias de otros días, defendidos milagros.

Y hoy, descubriendo al niño
en tallas apacibles,
desovando, en cuclillas, encantos milenarios,
la magia del trabajo, que es su orgullo,
apuntala el momento.
Entre sus dedos canta la mesura.
Y se crece la paz, la paz segura,
la ya olvidada paz,
la irreductible paz de los objetos...

Como quiera

Me levanté temprano,
tomé una máscara de la repisa
y la lavé despacio, la pulí, la asperjé,
luego la inflé
hasta llenar de aire sus adentros.
No me sirvió de nada, la tiré.

Con pastosa penuria, en demorada filtración,
retomé cada piel, cada ilusión,
hice una nueva máscara
y fui untando su fondo, sus contornos
con un unguento de melaza y ron.
Pero, de poco o nada me sirvió,

su odre vacío, su hueco interior
pronto expiró sobre mi ansiosa frente.

En franco desamparo,
tomé un cepillo hiriente y mentolado,
socavé las miserias de la noche anterior,
restos de lo comido y lo bebido...
Ya alta la mañana,
un sorbo de café recién colado
amarilleó los muros de mi boca.
Con la esperanza rota,
mal aliñado y aún peor vestido,
sentí la soledad de tal manera
que empolvé y maquillé mi antigua máscara
y en medio de una lluvia mañanera,
guardé cada sonrisa, zurcí el llanto
y me lancé a la calle como quiera.

Nacimientos
(A Manuel de la Puebla)

No se había concertado aún la Tierra,
ni se anunciaban nubes en los cielos,
cuando empezó a cantar.
El canto lo lanzó hasta el propio vuelo.
Ahí, descubrió el ombligo del riachuelo
y los pezones de la cordillera.
El primer día,
le cantó a las entrañas de la Luna
y un aluvión de hormigas carpinteras
le horadó el pecho.
El día segundo,
acongojado el plexo,
el cuerpo tembloroso, ardiendo en fiebre,
dividió las colinas

y nació la escalera de neblinas
por donde cae la Lluvia.
El tercer día,
cantaron los coquíes.
Entre la algarabía y el sobresalto,
sobre una arena blanca y pedregosa,
nacieron algas en *el día cuarto.*
Así, entre sal y soles,
presenció el gran desove cuaternario
de uno y mil empeñados caracoles.
El quinto día,
conformando un banco
poblado de azucenas y alhelíes,
con pie de pluma, casi sin aliento,
condensó nubes, desató los vientos.
Del día sexto, brotó la Energía.

Aluzando el talón del *día séptimo,*
cantando como nunca había cantado,
prendió en su pico siete melodías,
cada ser, cada objeto fue nombrado.
Se sintió Padre-Madre y tuvo un hijo...

Llegado el *día octavo,*
echó polvos de amor, pizcas de especias
en un caldero de néctar y barro
y sintiéndose dueño de los tiempos,
bendijo al pan y al pez
y hubo abundancia y preces para todos.

El día noveno se incendió la Fiesta
y todas las criaturas del mar y de la tierra,
engarzando conjuros y recetas
en cuentas de abalorios, alabaron su canto.

Desde entonces, el dios que trae la lluvia
y ahonda en el misterio de los llantos,
espera nueve meses para ver,
sobre un vientre abultado de mujer,
el milagro del fruto deseado.

Nacimiento del fuego

En la alforja derecha de la Osa Mayor
se abrió el relámpago,
un enjambre de luz dio cauce al Trueno,
se volvió el hombre a comprobar su efecto
y, como la amplia puerta estaba próxima,
se acercó al haz de luz, calladamente,
entornando el visillo de su alma.

-Es rugido de Dios- comentó el hombre.
-Hay que afinar los ojos,
si me descuido puede ser incisivo,
incluso, puede enviar nuestro motivo
a orbitar otro espacio-.
Y, convocando espíritus y a las huestes del Viento,
hizo brotar los duendes de la Tierra.
El primero, le dio fruta madura.
El segundo, le dio milagros de aire.
El tercero engarzó rosas de azogue,
prodigios de belleza...
Así, comenzó el Juego.

Juntando leños, ramas y hojas secas,
desanudando el corazón del Sueño,
se acuclilló, frotó dos vegetales
y lanzó su rumor con tanta fuerza
que hizo nacer al Fuego.
Mirando aquel juguete en las manos del hombre,
el Sol, tembló de celos.

Visión del indio

Dormitando en la cuenca de la isla,
ajeno y confiado,
oyó un rumor extraño
y, pegando el oído de la tierra,
presintió el golpe oculto.

A la cabeza le llegó la idea,
al pecho, el llanto
y ordenando su instinto
e irguiendo su esqueleto, aún sin letras,
se acercó a la ancha boca de la orilla
y un tun-tún de tambores y de sangres
le guió entre espesuras por el río.

Los dientes castañeando,
las rodillas maltrechas,
ascendiendo y sudando,
apresando el asombro entre sus muslos,
se detuvo ante el mar.
Avizorando hombres color nube,
hombres color de ébano,
navíos gigantescos nunca vistos,
sintió un dolor, un miedo,
nunca antes sentido,
quemándole las manos.

Ahí, le dio vuelta al Sol,
convocó a los espíritus del Cielo
y haciendo una inflexión precipitada,
dio vuelta al orbe tras de sus pisadas
y entregándole al dios recién venido
la libertad ganada y heredada,
acomodó la aljaba a su cansancio
y se quedó dormido.

Sin medida, sin tasa,
por la ventana abierta del Caribe
entró la bocanada de las razas...

Ángelus

La tarde es de anilina.
Rueda el sereno con la lluvia fina
y encendiendo una lumbre,
alzo una piedra y un cristal de vida
cae a mis pies como si fuera un pájaro.

El paisaje es cadencia.
Uno mi sangre con la tierra fresca
y una presencia colosal, el día,
cose los ojos de las celosías.
Pueblo mi espalda humilde con trabajo,
arena, oscuros hierros, negros escarabajos
y una canción letal llamada noche,
trenzada como hebra sobre broche,
reposa entre mis manos.

El verbo es amarillo.
Ocre pendón herido,
sombrero sideral deshilachado,
como un guerrero medieval exhibo
la palabra y la fuerza que me anima.
El ángel de la tarde
cuelga un manto de luz de orilla a orilla
y un sueño de papel, sobre y bajo mi piel
ronda el espacio.

Es la hora del Ángelus.

Porque los días del mal...
(A Juan Antonio Corretjer)

Ya han silenciado los que vivieron poco.
Se trepó un nuevo día de hambre
sobre los hombros de los que aún vivimos.

Da igual, no podrán ocultar los cadáveres.
Da igual, cada día multiplicado
en iras, por sí mismo,
colocará su enorme, su irrevocable pata
sobre las pretensiones del caudillo.

Yo misma inventaré los labios.
Yo misma encarnaré esqueletos
y abriré mil endechas bajo el sol.
Será en la gruta de mi alma,
en el cráneo aquelarre de mis versos
que se gestará el día y el tormento
del que hoy se sacia con nuestra miseria.

Porque los días del mal están contados,
aceitaré las armas, desfondaré trincheras,
diré mis oraciones
y escanciaré mi sangre en copa nueva,
como vino en la mesa de un brindis.
Después, cantaré.

El árbol de mi infancia

Qué espléndidos los árboles,
lloran tan suave que al caer, conmueven.
Qué sublimes, suntuosos,
cuando el aire los suelta
y marcan nortes, sures y estaciones
en los secos del sueño.

Si penetrase en la imaginación de esa rama,
en la dureza de ese almácigo,
en el punzante aroma de ese frangipán nuevo,
qué tarde, qué mañana saltaría de la honda,
cinturón apretado de mi cuerpo.

Qué espléndidos los árboles
en el pelo del monte,
en la fuga del pájaro,
qué inmensa escala de temblor y júbilo
crece en mi corazón cuando les veo.

Hoy, viendo la maraña de un flamboyán herido
sobre el horcón del viento,
el árbol de mi infancia, cantando extrañamente,
cruzó sangrante el caracol del cielo.

Entre amigos y extraños
lo cargamos en hombros,
lo trajimos al centro de la sala
y colgando una hamaca de su pecho a mi pecho
en viejas armaduras recogimos sus lágrimas.
Cuando arreció la noche aún respiraba
con el costado abierto.

Luego expiró e hicimos lo que urgía,
con su savia, poesía,
con su corteza, incienso.

¡Qué espléndidos los árboles...!

Sobre las altas yerbas
(A la ceiba de Ponce)

Ese árbol hembra siempre ha estado ahí,
con su corteza limpia,

con su copa tendida a ras del aire,
con sus caderas curvas saltando sobre el suelo.

Porque no es un árbol más, fíjese bien,
no hay falda de montaña
ni tejado ni seto que la cubra
y además, trae un aire sereno y circunspecto
como si siempre hubiera estado ahí,
por encima del hombro, por encima del viento.

Dicen que es la mansión de Atabey,
que en su tronco, en su fronda,
hay casa para todos,
el lagarto, la hormiga, la araña, la bromelia,
el breve colibrí...,
y cuentan que al principio de los tiempos
de su cuerpo pendía la faz del firmamento.

Esa inmensa, magnífica montura
donde los niños sin caballo juegan,
esas monumentales coyunturas
donde el anciano halla reposo
y el cansado hila un rezo
es la ceiba que vive desde siempre
en el umbral vidrioso de este pueblo.

La ceiba americana, la prodigiosa ceiba
que, como un acto de misericordia,
supera las fatigas de la noche,
conversa con las islas de la sombra
y en el vaso sureño del recuerdo
desborda los cuadernos de mi infancia.
La ceiba que se yergue como sombra liviana
sobre las altas yerbas...

Porque la sangre pesa

No sé de nada duro a no ser la semilla,
hasta la piedra cede ante el pico o el agua.
Cada cosa palpada por mis manos
testifica el poder de la ceniza.
La vida se me antoja como inmenso molino
triturando semanas.

Pero, la verdad es
que esta apertura hacia lo bajo,
que no sé si es el sueño de ayer tarde
o la desgarradura del olvido,
acaba en humo y muere con el alba.

Pero, la verdad es
que una vez llega la primera muerte,
inauguramos vida en cada cara.

Hoy que la hambruna y la penuria azotan
la mitad del planeta,
lloro por todos, abrigo toda suerte de fantasmas
aunque expresen su duelo en otras lenguas.

Pero, la verdad es
que un muerto propio se me hace insoportable,
se agota el cuerpo, el alma ni suspira,
porque la sangre pesa más que el agua.

No sé de nada duro en esta vida,
a no ser por el duelo que provoca
el perder la presencia de una madre...,
bendición de cocuyo en noche diáfana.

Transmigración

Una vez fui montaña
o nube o pájaro
del otro lado de la Tierra.
Una vez comí almendras
o aceitunas o plátanos
y trocé pan, corteza
o carne con las manos,
por los pueblos allende el horizonte.

Sé que ya he sido otros, desde otros.

El misterio elocuente
de esa mujer que mira
las líneas de mi rostro,
la curva caracol de mi cadera
en el espejo humeante,
hace ya varios siglos
que mira y me contempla.

En forma de cangrejo,
cobo, tortuga dura,
mariposa, hombre, pez,
piedra o almeja, he corrido mil mundos,
metida como Dios en todas partes.
Cada boca fue mía, cada soplo mi soplo,
mi ser anduvo inmerso en cada cuenca.

El ojo del cigarro que en conciencia de humo
traza anillos de niebla sobre el aire,
me trae la remembranza del —yo era—.

Si tan sólo pudiera

Lo que va a ser
ya ha sido.
Lo que va a suceder
ya ha sucedido.
Si tan sólo pudiera recordar...

Sembrada en un frijol

Evadiendo la paz de la escalera,
trepé por las laderas desafiando al viento.
Un sudor viejo, espeso como el aire,
me llenó de rodillas los recuerdos.

Sabía que subía en desventaja,
que era peor no subir,
sabía que me alentaba la poesía,
que la luz, aún sin sol, me acompañaba.

Prendida por los pechos,
olorosa a azucenas,
crucé montes de piedra en actitud serena
dejando atrás la piel del archipiélago,
me inventé un litoral,
sumergí penas en pozos remotos
y echando en saco roto las penas de los otros,
volví a subir...
Envejecí también, acrisolando
las noches sucesivas que anegaron mi barro.

El cuento que hoy pergeño
va por el piso mil y no sé cuántos;
faltan mil y uno más para alcanzar el sueño
y se me llueve el alma hueso a hueso...

Sembrada en un frijol puertorriqueño,
aún sigo, cielo arriba, caminando.

La raza

Donde el color se mezcla y se consume,
donde el origen de la tierra obliga,
donde la sangre pesa y no la borra el agua,

donde el amigo es más que amigo, hermano,
donde la nuez se traga el cuello y la manzana,
donde la huella imprime para siempre
y va de boca en boca arraigando en el alma,

donde se muere a voluntad,
se claudica sin resistir,
se habla sin hablar,
se llega, tras una larga ausencia
como quien llega a casa,
eso es: la raza.

La memoria del fuego
(A Eduardo Galeano)

El peligro ha sido el silencio,
la caridad con uñas,
la dejadez del pueblo
ante el dominio de los patriarcales.

El peligro ha sido la tristeza,
la garra del temor,
la gran mentira del conquistador,
la absurda abulia de los conquistados.

Y lo peor ha sido la indolencia,
el contemplar callados
la gran fuga del oro volcado sobre Europa
donde turbios decretos
dictaminan la ruina o la bonanza,
la florecida paz o el grito de la guerra
que se gesta en América...

Lo que queda es el hambre,
el arrabal sin luz ni aire,
la huella del despojo y el saqueo.

Lo que queda, rotunda y finalmente,
es un acto de amor y resistencia;
el sueño, el alimento
de un Quijote moderno
que punza las aristas de la raza,
que apuntala en el muro de la fuerza
un verbo que se escribe con savia de raíz,
que oprime el esternón, que sangra en la nariz
y canta desde siempre y para siempre
la memoria del fuego.